# Deux folles
## et un fouet

Jessica Barker   ★   Rafaële Germain

# Deux folles
# et un fouet

TRÉCARRÉ
Une compagnie de Quebecor Media

Catalogage avant publication de Bibliothèque et Archives nationales du Québec
et Bibliothèque et Archives Canada

Germain, Rafaële, 1976-
Deux folles et un fouet

ISBN 978-2-89568-488-6

1. Cuisine. I. Barker, Jessica, 1977-  . II. Titre.

TX714.G47 2010          641.5          C2010-941689-9

Édition : Lison Lescarbeau et André Bastien
Direction artistique : Marike Paradis
Révision linguistique : Marie-Eve Gélinas
Correction d'épreuves : Françoise Le Grand
Conception graphique : Marike Paradis
Mise en pages : Jacynthe Vallières et Véronique Giguère

Photos : Julien Faugère
Maquillage et coiffure : Nathalee Dodon
Stylisme culinaire : Anne Gagné
Assistantes-stylistes : Nataly Simard,
Amélie Bédard, Noémie d'Amours, Laurie Collin
Collaboration spéciale : Madeleine Berthelet

**Remerciements**

Les Éditions du Trécarré reconnaissent l'aide financière du gouvernement du Canada par l'entremise du
Fonds du livre du Canada pour leurs activités d'édition. Gouvernement du Québec – Programme de crédit
d'impôt pour l'édition de livres – gestion SODEC.

Les Éditions du Trécarré désirent également remercier Holt Renfrew pour le prêt des vêtements, l'Institut
de tourisme et d'hôtellerie du Québec, Tapis H. Lalonde & Frère, Million de Tapis et Tuiles ainsi que l'atelier
de design Surface Jalouse. Merci à Antoine Al-zawahri, Marie Chartier, Victoria Destison, Elaine Lalonde,
Mark Skoda, Françoise Théberge, Richard Lefèvre et Randal Lyon.

Les Éditions du Trécarré
Groupe Librex inc.
Une compagnie de Quebecor Media
1055, boul. René-Lévesque Est
Bureau 800
Montréal (Québec) H2L 4S5
Tél. : 514 849-5259
www.edtrecarre.com

Dépôt légal – Bibliothèque et Archives nationales du Québec et Bibliothèque et Archives Canada, 2010

ISBN : 978-2-89568-488-6

**Distribution au Canada**
Messageries ADP
2315, rue de la Province
Longueuil (Québec) J4G 1G4
Tél. : 450 640-1234
Sans frais : 1 800 771-3022
www.messageries-adp.com

**Diffusion hors Canada**
Interforum
Immeuble Paryseine
3, allée de la Seine
F-94854 Ivry-sur-Seine Cedex
Tél. : 33 (0)1 49 59 10 10
www.interforum.fr

*Pour toutes les folles*

# Sommaire

## Je serai fabuleuse à l'arrivée de mes amis

## Sauvetage d'une chum en peine d'amour

## One of the boys

## Wannabe chef

# Mot des auteures

Nous nous sommes rencontrées il y a environ cinq ans, par l'entremise d'une personne qui nous est très chère à toutes les deux : Pierre Brassard. *Loud*, blondes et célibataires, nous nous sommes tout de suite adorées, même avant de découvrir notre passion commune pour tout ce qui se passe dans une cuisine. Ne vous inquiétez pas, on ne vous dira pas qu'on est épicuriennes, que ce que vous avez entre les mains est un livre de cuisine ludique et qu'il a été conçu dans une ambiance festive. N'empêche que nous sommes de vraies gourmandes, de sincères cochonnes et que la bouffe n'est jamais pour nous synonyme de culpabilité. Si Carrie Bradshaw a choisi son appartement pour son *walk-in*, nous sommes toutes les deux tombées amoureuses de nos maisons à cause de leurs grandes cuisines hyperfonctionnelles. Nous sommes profondément et simplement heureuses dans une cuisine, une main dans de la chair de saucisse et l'autre sur un verre de vin maculé de traces de doigts. C'est ce grand bonheur que nous espérons partager avec vous.

L'idée de faire ce livre nous est venue, comme bien des idées que normalement nous regrettons — celle-ci est une rare exception —, un soir de brosse. Nous nous adonnions à notre activité préférée, manger gras et boire beaucoup, quand quelqu'un s'est écrié : « Eille les folles, vous devriez faire un livre de recettes ! » On a ri dans nos verres de vin en disant que ben voyons, pour qui on se prendrait, on n'est pas des *cooks*, on n'a pas de crédibilité, mais l'idée a fait son chemin, secrètement d'abord, puis de plus en plus verbalement, jusqu'à ce qu'elle soit finalement adoptée dans un élan d'enthousiasme sans doute très *loud*...

Nous avons donc commencé à parler sérieusement de ce projet : l'idée était de ne surtout pas nous présenter comme des cuisinières professionnelles, mais simplement comme les trippeuses que nous sommes. Nous voulions partager notre grande joie de faire à manger, de parler de bouffe et de nous asseoir pendant des heures autour d'une table. Et nous voulions aussi le partager avec des filles : depuis quelques mois, les librairies sont inondées de livres de recettes super, mais presque tous écrits par des gars, pour des gars. On s'est donc demandé quel rôle avait joué la bouffe dans nos vies de filles et on s'est rapide-ment rendu compte qu'il était assez grand merci. Bonnes nouvelles, mauvaises nouvelles, rencontres et ruptures ont été ponctuées par des recettes que nous avons adoptées et regroupées par sections dans lesquelles, nous l'espérons, vous vous reconnaîtrez un peu.

Alors, les filles : bon appétit et... à vos « fouettes » !

# Les règles d'or des deux folles

Bon, OK, on n'est pas exactement crédibles quand on parle de règles. D'abord parce que nous n'avons pas une autorité du tonnerre, ce qui est peu dire, et ensuite parce que nous sommes les premières à ne respecter aucune règle en cuisine. On ajuste, on tâtonne, on ajoute, on double la quantité de beurre, on omet un ingrédient, on change l'assaison-nement, on triple la quantité de beurre, on met toujours, toujours plus de sel. Mais au fil du temps et des recettes, on a remarqué qu'en suivant certains principes assez évidents merci, on pouvait toujours se tromper dans une cuisine, mais jamais se faire ch... Les voici.

* Ayez du plaisir.
* Ne faites pas à manger pour impressionner les autres.
* Ne vous embarquez pas dans la préparation d'un grand repas si vous n'en avez pas envie : la bouffe cuisinée sans joie a un petit goût amer, on vous le jure.
* Ne stressez pas : personne ne vous jugera si vous les recevez la spatule dans une main et la broue dans le toupet.
* Ne VOUS jugez pas : un plat raté devrait être une source de blagues et non d'angoisse – et, au pire, vous avez sûrement des œufs dans le réfrigérateur pour vous reprendre et rendre légendaire « la soirée où on devait manger un fantastique gigot d'agneau et qui s'est terminée par des œufs pochés, une salade ordinaire et beaucoup de rires ».
* On ne vous apprendra rien, mais vos invités viennent pour vous voir, pas pour voir votre bœuf en croûte (si c'est le cas, recommandez-leur un bon resto, et réfléchissez un peu à votre processus de sélection en matière d'amitié).
* Soyez fière de vos racines québécoises : un *party* de cuisine, c'est vraiment, vraiment l'fun. Faire à manger pendant que vos amis prennent un verre au bout du comptoir, c'est un petit peu ça, le bonheur.

Et surtout : faites une cuisine qui vous ressemble. Jessica aime recevoir ses amis en talons hauts *gold* et avec une jolie robe. Rafaële cuisine ET reçoit dans sa tenue favorite : des pantalons mous et une camisole. Mettez-vous en robe de bal si ça vous tente, ou dans votre pyjama à pattes préféré.

*Soyez bien. On est ici pour avoir du fun.*

*Il ne m'a pas rappelée
après la deuxième date*

*On est déçue, mais pas trop:* on n'était pas amoureuse, on n'était même pas sûre qu'il nous intéressait vraiment et ses anecdotes étaient un peu ronflantes, mais c'est dur pour l'ego. Voulant retrouver notre joie de vivre et un peu d'estime de soi, on a réuni nos chums de filles pour leur faire un souper de *girls* et leur prouver (lire : nous prouver) qu'on est absolument fabuleuse. Au menu : *drinks*, gros plats de pâtes, *drinks*, fromages bien gras, *drinks*, beaucoup de hurlements, et encore des *drinks*. Tous les hommes du Québec ont les oreilles qui silent.

# *Drinks* de folles

Il y a dans la vie de grandes évidences, des vérités si souvent répétées qu'elles sont devenues d'insupportables clichés, des phrases galvaudées comme : qui dit souper de filles dit *drinks*. C'est incontournable, et c'est joyeux. Le premier verre, le premier cocktail « shaké » au milieu des rires et des cris qui s'entremêlent a toujours et encore quelque chose de survoltant et de démesurément réjouissant. C'est le coup de départ qu'on attendait – la soirée peut commencer, et tout est possible.

## Vodka tabasco de Jess

Cette recette vient d'une amie barmaid qui ne savait plus quoi boire (ah, les écueils de la vie de barmaid...). Blasée et lasse de se taper des *shooters* de Jameson avec la compagnie, elle a eu l'idée d'ajouter du tabasco à une simple vodka canneberge. On a eu l'idée de trouver ça génial.

**Pour une folle, vous aurez besoin de :**

2 oz (60 ml) de vodka

5 oz (150 ml) de jus de canneberge

le jus d'une lime

tabasco au goût

∗ Versez les ingrédients dans un verre à scotch et mélangez bien.

*Savourez en faisant des petites faces et en remerciant l'inventeur du tabasco.*

# Vodka pamplemousse de Raf

On va être honnêtes : ce *drink* peut créer une grave dépendance. Le sel, la douce amertume du pamplemousse... l'a-t-on dit ? Le sel. La vodka est pas pire non plus. On devrait vous dire d'être prudente et spécifier qu'il ne faut pas en abuser, mais on serait très mal placées : on n'est pas prudentes et on en a abusé... oh, tellement de fois...

**Pour l'autre folle, vous aurez besoin de :**

1 lime

sel de table

2 oz (60 ml) de vodka

1 oz (30 ml) de triple sec

4 oz (120 ml) de jus de pamplemousse rose

⋆ Coupez la lime en deux et passez-en une moitié sur le pourtour d'un verre à martini que vous roulerez ensuite dans le sel (on aime un GROS *rim* de sel).

⋆ Dans un shaker, versez la vodka, le triple sec et le jus de pamplemousse. Pressez la lime et ajoutez quelques glaçons. « Shakez » furieusement et versez dans le verre salé.

*À boire en se faisant des confidences et en riant juste un peu trop fort.*

# Gin tonic
# aux framboises

C'est le *drink* le plus mignon du monde. Développé par Rafaële lors d'une solide enquête sur le gin pour des raisons professionnelles, il a évidemment été adopté par l'Anglaise de service, qui aime le gin avec dévotion. Essayez-le et vous partagerez sa passion.

**Pour une assoiffée, vous aurez besoin de :**

1 c. à thé de sucre de canne

1 c. à thé d'eau très chaude

2 oz (60 ml) de gin

6 framboises fraîches

tonic

★ Commencez par diluer le sucre dans l'eau.

★ Dans un verre à scotch, versez le gin et l'eau sucrée.

★ Ajoutez les framboises en pressant chacune légèrement entre vos doigts pour qu'elles se défassent juste un peu dans le liquide.

★ Terminez par de la glace et assez de tonic pour remplir le verre.

*À siroter bien lentement, pour laisser au drink – et à vos joues – le temps de rosir irrésistiblement.*

# Huîtres Rockefeller

Googlez « huîtres Rockefeller » et vous apprendrez que tout le monde a SA recette et que, comme toujours, tout le monde est certain d'avoir la bonne. On ne sait plus trop d'où vient la nôtre – probablement un mélange approximatif de diverses recettes, d'ajustements, de conseils, d'improvisation. Nous l'avons faite tellement souvent que nous étions incapables de dire les quantités précises de chaque ingrédient quand est venu le temps de l'écrire… Il a donc fallu la refaire, carnet de notes à la main cette fois. Voici notre variante, qui a été testée maintes fois auprès de bien des folles, avec toujours beaucoup de succès.

**Pour une gang de folles en feu, vous aurez besoin de :**

2 douzaines de grosses huîtres (Le type reste à votre discrétion, mais il faut qu'elles soient assez grosses pour ne pas se dessécher à la cuisson et pour ne pas être « upstagées » par les autres saveurs.)

6 anchois

2 c. à soupe de sauce Worcestershire

½ oignon jaune, haché

1 grosse branche de céleri, coupée en dés

1 gros paquet d'épinards, hachés grossièrement

2 c. à soupe de pastis

100 g de cheddar, râpé

1 c. à soupe de beurre

⋆ Faites ouvrir les huîtres par quelqu'un d'autre et déposez-les sur une plaque à cuisson, en prenant bien soin de garder leur eau.

⋆ Dans un mortier si vous en avez un, ou alors dans un petit bol, pilez les anchois en les mélangeant bien avec la sauce Worcestershire pour obtenir une pâte plutôt liquide. Mettez-la de côté.

⋆ Dans une poêle à feu moyen-élevé, faites tomber l'oignon dans le beurre jusqu'à ce qu'il soit translucide. Ajoutez le céleri et poursuivez la cuisson durant environ 5 minutes.

⋆ Versez la mixture d'anchois et de Worcestershire dans la poêle et mélangez vivement pour en couvrir le mélange d'oignon et de céleri.

⋆ Ajoutez les épinards et mélangez continuellement jusqu'à ce qu'ils soient complètement tombés.

⋆ Versez le pastis dans la poêle et mélangez jusqu'à ce que la majeure partie du liquide se soit évaporée (1 à 2 minutes).

⋆ Répartissez 1 c. à soupe du mélange sur chaque huître. Finissez avec une bonne pincée de cheddar.

⋆ Faites cuire les huîtres à *broil*, en prenant soin de placer votre grille le plus près possible de l'élément, pendant environ 5 minutes, ou jusqu'à ce que le fromage commence à gratiner.

⋆ Laissez reposer 5 minutes avant de servir.

*À manger en riant et en portant des toasts à tout ce qui vous rend heureuse.*

# Camemberts
# heureux

Une folle qui se respecte est une folle qui aime le fromage. Sur ses toasts, sur ses pâtes, sur sa viande, sur son pain, sur le comptoir avec un verre de vin, dans son café si c'était possible. Les folles débarquent sans prévenir, comme d'habitude ? Allez à l'épicerie du coin, embarquez son meilleur camembert, allumez le four et sortez la poêle. Voici deux plats qui disparaîtront en moins de temps qu'il n'en faut pour le dire.

## Camembert
## au pesto

C'est un classique, et ce n'est pas pour rien. On vous recommande de le servir en début de soirée : si vous prévoyez boire beaucoup, c'est un excellent fond pour commencer le marathon.

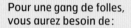

**Pour une gang de folles,
vous aurez besoin de :**

1 camembert

¼ tasse de pesto vert

★ Allumez le four à 300 °F (150 °C).

★ Déposez le fromage dans un plat allant au four – un petit plat à sa taille est idéal, sinon placez-le sur une feuille de papier d'aluminium, en remontant les bords pour qu'il soit bien contenu : il va couler, et c'est pour ça qu'on l'aime.

★ Enlevez la croûte sur le dessus du fromage, faites quelques trous à la fourchette dans la chair et étendez le pesto.

★ Couvrez le camembert d'une feuille de papier d'aluminium pour l'empêcher de brûler. (Ça nous est déjà arrivé et c'est une bien triste chose.) Enfournez et laissez cuire pendant 30 minutes.

*Servez avec un pain aux noix ou une belle baguette. Le moulin à poivre ne devrait pas être trop loin...*

# Camembert
# poêlé

Un conseil avant de vous atteler à cette recette : allumez la hotte. La phrase « mon soutien-gorge sent le fromage » a déjà été prononcée et, franchement, c'est une situation à éviter.

**Pour la même gang,
vous aurez besoin de :**

1 camembert

1 œuf, battu

$^1/_2$ tasse de chapelure

6 oignons verts,
tranchés en fines rondelles

4 c. à soupe de beurre

⋆ Trempez votre camembert dans l'œuf pour qu'il en soit bien recouvert, puis passez-le dans la chapelure. Soyez généreuse avec la chapelure.

⋆ Dans une poêle, faites revenir les oignons verts dans 2 c. à soupe de beurre, à feu moyen jusqu'à ce qu'ils deviennent translucides.

⋆ Quand les oignons commencent à devenir translucides, ajoutez le camembert, que vous retournerez à quelques reprises pour que les deux faces soient bien dorées. Ajoutez du beurre au besoin. (Honnêtement, la recette se fait très bien avec seulement 2 c. à soupe de beurre. Mais au point où vous en êtes, qu'est-ce que deux petites cuillerées de plus ? Juste un peu plus de joie.) Vous saurez que le camembert est prêt quand il commencera à s'affaisser doucement, au bout d'environ 12 minutes.

*Accompagnez d'une salade avec une vinaigrette légère, du genre huile et vinaigre de framboise – c'est assez salutaire. Savourez en racontant avec trop d'emphase votre meilleure anecdote et en vous disant que la vie peut être très belle.*

# Gaspacho
# de la Mamasita

La Mamasita, c'est Francine, la mère de Rafaële. On ne le lui a pas encore dit et on a un peu peur de sa réaction, mais elle est pour nous une folle *honoris causa*. Pour sa verve et sa flamboyance, certes, mais aussi parce qu'elle est une sincère et joyeuse gourmande. Son gaspacho, frais, coloré et *chunky*, est un classique de nos étés. C'est de la joie de vivre dans un grand bol.

**Pour une table à pique-nique de folles en robes d'été, vous aurez besoin de :**

1 gousse d'ail

6 belles grosses tomates des champs

1 concombre anglais avec la peau et les pépins

1 petit poivron jaune

1 petit poivron rouge

2 grosses branches de céleri

1 tasse de radis

½ tasse d'oignon, haché

2 tasses de Clamato (Pas du jus de tomate. Du Clamato. C'est clair ?)

⅓ tasse d'huile d'olive

le jus d'un citron

tabasco au goût

1 c. à soupe d'herbes salées du Bas-du-Fleuve

basilic au goût

☆ Frottez un grand bol (idéalement en terre cuite, mais ne faites pas de zèle si vous n'en avez pas) avec l'ail. Hachez ensuite la gousse et jetez-la dans le bol.

☆ Videz les tomates et coupez-les en dés. Ne les passez pas au robot culinaire. Ça ferait de la « bouette » et c'est exactement ce qu'on ne veut pas.

☆ Passez le reste des légumes dans le robot. Quelques coups devraient suffire : vous voulez des légumes hachés en petits morceaux, pas réduits en purée.

☆ Mélangez les légumes hachés et les tomates en dés dans le bol. Arrosez avec le Clamato, l'huile d'olive, le jus de citron et le tabasco. Incorporez les herbes salées et mélangez bien. (Si vous n'en avez pas encore dans votre frigo, courez tout de suite à l'épicerie. C'est vital. Les folles étant comme Francine de TRÈS grandes saleuses, on en met environ le double. Mais on ne voudrait pas avoir l'air d'encourager l'hypertension.) Rectifiez l'assaisonnement et mettez au frais pendant au moins 1 heure.

☆ Au moment de servir, ajoutez le basilic, haché grossièrement.

*À savourer avec les yeux, puis avec les papilles.*

# Tarte à la tomate
# sans croûte mouillée

Nous sommes sincèrement désolées d'utiliser cette insupportable expression, mais cette recette, « c'est l'été dans votre assiette ». C'est vrai. Du moins quand c'est le temps des tomates et qu'elles atteignent un niveau de déliciosité que peu d'aliments surpassent. La tarte à la tomate était donc pour nous un classique de la belle saison, même si la croûte, immanquablement mouillée, était une redondante source de sacres... jusqu'à ce que Jessica ait l'idée d'essayer avec de la pâte filo !

**Pour une gang de folles, vous aurez besoin de :**

5 feuilles de pâte filo

2 c. à soupe de beurre, fondu

3 c. à soupe de moutarde de Dijon

½ gros oignon rouge, coupé en fines lamelles

½ boule (100 g) de mozzarella *di buffala*, tranchée

1 belle tomate, coupée en tranches épaisses ou une dizaine de tomates cerises

quelques filets d'anchois

olives noires dénoyautées

poivre noir, fraîchement moulu

★ Préchauffez votre four à 400 °F (210 °C).

★ Badigeonnez les feuilles de pâte filo de beurre fondu, puis pliez-les en deux. Empilez-les les unes sur les autres en prenant soin de mettre du beurre sous et sur chaque feuille.

★ Badigeonnez le dessus de la dernière feuille de pâte filo avec la moutarde, puis étendez les lamelles d'oignon rouge, les tranches de fromage et celles de tomate. Parsemez de quelques filets d'anchois (faites un joli motif en carreaux si ça vous chante) et d'olives noires.

★ Faites cuire au four 15 minutes, puis passez à *broil* pendant 1 minute pour faire gratiner le fromage. (Surveillez, là. Vous ne voudriez pas brûler l'été dans votre assiette.)

★ Poivrez généreusement juste avant de servir.

*À manger avec les mains, en essayant intérieurement de deviner quelle folle déclarera la première que « Mmm ! Ça goûte l'été ! ».*

# Glamoureuses pattes de crabe avec aïoli

Peu de choses nous réjouissent autant qu'un fantastique *bucket* rempli de pattes de crabe qui ne demandent qu'à être décortiquées, suçotées et trempées dans un piquant aïoli fait maison. C'est une promesse d'exubérance, de partage, de sérieux bordel et de grands rires. Les pattes de crabe ne sont disponibles que pendant un court moment au printemps, alors faites-vous plaisir, recouvrez votre table de plastique, sortez les bavettes et résignez-vous à faire un puissant ménage le lendemain : les pattes de crabe ne se mangent pas sans faire de dégâts.

**Pour six folles super sexy avec leurs bavettes, vous aurez besoin des ingrédients suivants.**

**Pour les pattes de crabe**
un bon poissonnier
(ou, si vous êtes plus
chanceuses que nous,
un ami pêcheur de crabe)

**Pour l'aïoli**
6 jaunes d'œufs

1 c. à soupe
de vinaigre balsamique

4 gousses d'ail

1 tasse d'huile d'olive

1 c. à thé de sel casher

10 gouttes de tabasco

**Pour les pattes de crabe**
★ Rendez-vous chez le poissonnier.

★ Si vous êtes comme Jessica, essayez de convaincre votre poissonnier de vous faire un *deal* sur les pattes de crabe. Si vous êtes comme Rafaële, dites : « Quatre douzaines de pattes de crabe, s'il vous plaît. »

★ Sortez de chez votre poissonnier le cœur léger, et allez gérer votre aïoli.

**Pour l'aïoli**
★ Mettez les jaunes d'œufs dans le récipient du robot culinaire. Versez-y le vinaigre balsamique.

★ Hachez les gousses d'ail à la main – elles risqueraient de ne pas se défaire complètement au robot et vous auriez de gros motons d'ail dans votre aïoli. Pas bon.

★ Ajoutez l'ail aux jaunes d'œufs et faites fonctionner votre robot à puissance moyenne. Par l'ouverture pratiquée à cet effet sur le couvercle, versez LENTEMENT, EN UN FILET CONTINU, l'huile d'olive. Pas d'un coup. Pas en deux ou trois fois. Lentement. En filet. Continu.

✷ Si vous avez versé votre huile lentement, en un long filet continu, votre aïoli devrait maintenant avoir la texture d'une mayo. Arrêtez le robot, ajoutez le sel et le tabasco et mélangez durant quelques secondes.

✷ Mettez les pattes de crabe dans un grand plat (nous utilisons un seau à glace) et déposez un bol d'aïoli à chaque bout de la table. Servez avec des légumes de saison à peine blanchis dans de grandes quantités d'eau bouillante afin qu'ils restent bien croquants. Les pattes de crabe sont offertes au printemps, vous aurez donc l'embarras du choix. Carottes, rabioles, radis, fèves vertes, petites courgettes… ils ne demandent qu'à être trempés dans votre aïoli.

# Pâtes de folles

Voici un classique de nos soupers de folles, que nous avons commencé à cuisiner il y a de cela très longtemps, quand nos connaissances culinaires étaient à peu près nulles mais notre enthousiasme déjà grand... Il existe plusieurs variantes : Camille n'aime pas le basilic, Laurence préfère sans prosciutto, Rafaële fait une version extra-tomate, Rosalie utilise toujours des orecchiette et Jessica met beaucoup trop d'olives. Allez-y selon le goût de vos invitées, ou le vôtre si vous êtes un peu despote sur les bords.

**Pour quatre folles qui ont trop de choses à se raconter, vous aurez besoin de :**

450 g des pâtes
que vous préférez

3 ou 4 gousses d'ail

3 c. à soupe d'huile d'olive

1 botte de basilic
ou de coriandre

1 paquet de roquette
ou de bébés épinards

2 tasses de tomates cerises
en hiver ou de tomates
du jardin en été

quelques tranches
de prosciutto, coupées
en lanières

1 tasse d'olives kalamata

1 boule (250 g)
de mozzarella *di buffalla*

parmesan

⋆ Faites bouillir de l'eau très salée pour les pâtes.

⋆ Hachez grossièrement l'ail et faites-le chauffer doucement dans l'huile. Dès que des bulles se forment et que le parfum de l'ail se fait sentir, retirez-le du feu. Vite. Le goût de l'ail brûlé n'est pas exactement sexy.

⋆ Lavez et essorez l'herbe de votre choix et la roquette ou les épinards. Hachez et déposez dans un gros bol.

⋆ Lavez et coupez vos tomates, puis ajoutez-les au contenu du bol.

⋆ Enlevez le gras du prosciutto ou laissez-le, c'est vraiment selon votre goût. Les folles ne s'entendent pas sur ce sujet. C'est entre nous une guerre à n'en plus finir.

⋆ Dénoyautez les olives et coupez-les en morceaux, puis ajoutez-les aux tomates et aux herbes.

⋆ Coupez la mozzarella en petits cubes.

⋆ Faites cuire les pâtes. Lorsqu'elles sont prêtes, mélangez-les bien avec l'huile et l'ail, puis ajoutez les herbes, les épinards ou la roquette, les tomates et le prosciutto. Poivrez. Incorporez la mozzarella juste avant de servir, afin qu'elle ne fonde pas trop. Mettez le bol sur la table, avec le bloc de parmesan et la râpe, et laissez les folles se servir selon leur appétit ou le jour du mois...

*À déguster à la très bonne franquette, en pigeant constamment dans le plat de service.*

# Steak de flanc,
# sauce aux fraises et à l'avocat

N'insultez plus votre barbecue en ne lui confiant que des saucisses et d'occasionnelles côtelettes d'agneau. Il ne vous le dit pas, mais il n'est plus capable de voir le maudit poulet sur la canette de bière. Cet été, offrez-lui un steak de flanc. Il l'attend depuis toujours. Et quand vous servirez cette virile pièce de viande avec sa sauce rose *very girly* à vos amies, vous comprendrez que vous aussi, vous l'attendiez depuis longtemps.

**Pour six ou huit folles sur une terrasse au coucher du soleil, vous aurez besoin de :**

1 beau steak de flanc d'environ 1 ½ kg

**Pour la marinade**

½ tasse de café noir bien corsé

½ tasse de sauce soya

1 c. à soupe de sauce Worcestershire

1 c. à soupe d'huile végétale

1 c. à soupe de vinaigre de cidre (Si vous avez juste du vinaigre de vin sous la main, ça fait la job haut la main.)

1 oignon jaune, haché

2 gousses d'ail, hachées

poivre (beaucoup)

**Pour la sauce**

1 ½ tasse de fraises, coupées en dés

1 avocat, coupé en dés (Il faut bien sûr qu'il soit mûr, mais pas trop, pour qu'il ne se défasse pas.)

le jus et le zeste d'un demi-citron

1 c. à soupe de moutarde de Dijon

1 c. à soupe de miel

1 c. à soupe de vinaigre de vin

1 petit piment oiseau, haché très finement

1 c. à soupe de coriandre, hachée

1 bonne pincée de sel

* Faites quelques incisions parallèles peu profondes dans votre steak pour que la marinade pénètre mieux.

* Mélangez tous les ingrédients de la marinade dans un petit bol.

* Faites mariner votre steak pendant environ 6 heures. On aime se simplifier la vie en plaçant le steak dans un grand Ziploc avec la marinade, ce qui permet de le retourner plusieurs fois et de le faire mariner plus uniformément.

* Juste avant de faire cuire le steak, préparez la sauce en mélangeant tous les ingrédients (elle peut être faite un peu à l'avance, mais elle sera bien plus jolie si vous la préparez à la dernière minute).

* Faites cuire votre steak directement sur la flamme, environ 4 à 5 minutes de chaque côté.

* Pour le service, coupez le steak en tranches très fines. Nappez de sauce et soyez heureuse.

*À manger sans se presser, à petites bouchées, en essayant de nommer chaque teinte qu'offre le ciel au crépuscule.*

*Lendemain de veille*

*La suite souvent logique* d'un souper de filles... Tout allait pourtant bien, on était vachement relax, mais on aurait bien dû se douter que ça allait mal finir quand quelqu'un a proposé, vers minuit, d'ouvrir la bouteille d'ouzo rapportée de Grèce et qu'une autre a répliqué : « Parfait, je vais acheter des *smokes* »... alors que plus personne ne fume depuis des années. Le lendemain, un besoin pressant de gras se fera sentir — ces recettes ont fait leurs preuves.

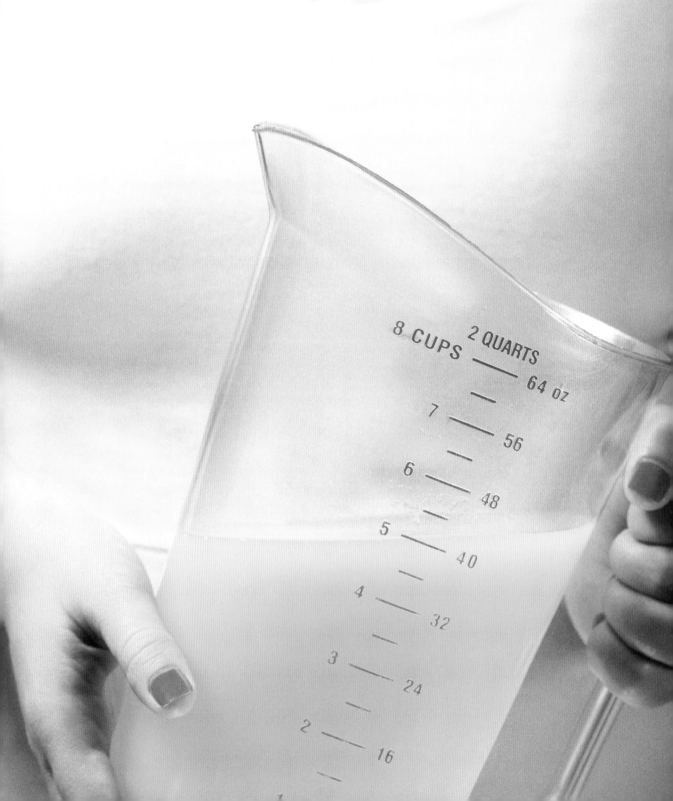

# Gatorade maison

Bon. Évidemment, le simple fait que nous ayons une recette de Gatorade maison en prévision de nos lendemains de veille en dit long sur nos excellentes habitudes de vie. Reste que quand l'idée d'aller au dépanneur d'en bas acheter du Gatorade pour se remettre quelques électrolytes dans le corps frise l'insupportable, cette recette minute peut faire des miracles. Elle vous donnera assez de force pour vous traîner jusqu'au bacon, la deuxième étape dans votre programme de remise en forme. Physique, bien sûr. Pour ce qui est du moral, on ne peut rien pour vous.

**Pour une folle qui est persuadée qu'elle ne « feelera » plus jamais bien de sa vie, vous avez besoin de :**

1 tasse de jus d'orange

1 ½ tasse d'eau tiède

1 c. à thé de sel

★ Mélangez vos ingrédients. Pas dans un shaker. Votre shaker est encore en dessous du lit, de toute manière.

*À boire à toutes petites gorgées, en visionnant compulsivement des DVD de «Sex and the City». Si quelqu'un vous fait remarquer que «Eille, c'est ce qu'on donne aux enfants quand ils ont la gastro, ça», acquiescez piteusement.*

# Frittata au chorizo

OK, on vous l'accorde : réussir une frittata, ça semble un peu beaucoup quand on a de la misère à faire trois pas sans être étourdie. Mais croyez-nous : ça remet sa « Canayenne » à la bonne place comme pas grand-chose. Et ce n'est pas si compliqué. Si vous n'avez pas de chorizo sous la main, utilisez du jambon, du bacon, de la pancetta : tant que c'est gras, c'est bon.

**Pour deux folles qui sont finalement un peu contentes de ne pas trop se souvenir de la veille, vous aurez besoin de :**

4 œufs entiers

2 blancs d'œufs

1/3 tasse de lait

1/2 tasse de parmesan, râpé

poivre

1/2 oignon, haché

1 c. à soupe d'huile d'olive

150 g de chorizo, coupé en dés

1 petit paquet d'épinards (Facultatif, l'épinard est là principalement pour vous faire croire que malgré les abus de la veille, vous faites ce matin un choix santé. Cela dit, si vous en avez, c'est très bon.)

1/3 tasse de cheddar ou d'emmenthal, râpé

★ Battez ensemble les œufs et les blancs d'œufs. Incorporez le lait et 1/4 de tasse de parmesan. Poivrez généreusement.

★ Dans une poêle à fond épais allant au four, faites tomber l'oignon dans l'huile, à feu moyen-élevé. Lorsqu'il commence à devenir translucide, ajoutez le chorizo. Faites revenir pendant 2 à 3 minutes, le temps que les dés de chorizo caramélisent un peu.

★ Appréciez les vapeurs de gras.

★ Ajoutez les épinards s'il y a lieu et faites cuire jusqu'à ce qu'ils tombent.

★ Répartissez le mélange d'oignon, de chorizo et d'épinards de manière à ce qu'il couvre le fond de la poêle. Saupoudrez de 1/4 de tasse de parmesan.

★ Versez doucement les œufs sur le tout. Baissez le feu et couvrez. Faites cuire environ 15 minutes, jusqu'à ce que les œufs aient pris et que le pourtour de la frittata se détache des bords de la poêle.

★ Recouvrez votre frittata du cheddar ou de l'emmenthal et passez au four à *broil* durant 4 à 5 minutes, jusqu'à ce que le fromage commence à gratiner.

*À avaler goulûment, en remettant à plus tard l'inévitable prise de conscience qui vient avec un lendemain de veille.*

# *Glorified* péteux

Comme tous les grands classiques de la cuisine québécoise (poutine, pâté chinois, cipaille), le péteux est source d'acrimonieuses disputes quand vient le temps de déterminer avec exactitude son origine. Qui, la première, a eu l'idée d'enrouler une saucisse Hygrade dans du bacon Maple Leaf avant de la mettre au four ? Et, surtout, qui a baptisé cette absurde recette « péteux » et *pourquoi* ? Mystère. Reste que, comme bien des recettes absurdes, le péteux a fait ses preuves, principalement parce qu'il est un joyeux condensé de gras et de sel, les deux ingrédients dont vous avez justement cruellement besoin ce matin. Et si vous remplacez la saucisse Hygrade par une bonne Frankfurter ou toute autre saucisse de qualité qui vous plaît, vous aurez, en plus de votre dose de gras et de sel, un plat étonnamment savoureux. Abandonnez-vous donc au péteux. Il veut votre bien.

**Pour une folle avec du mascara coulé en dessous des yeux, vous aurez besoin de :**

une grosse saucisse de type Frankfurter

quatre tranches de super bon bacon (nous, on a un faible pour celui de la Porcherie Ardenne) pour enrober vos saucisses. Un conseil, sous la forme d'une simple équation : bacon = une des plus réjouissantes trouvailles de l'humanité et certainement un des très grands cadeaux faits à l'homme par un animal. Du coup, investir temps et argent et trouver du bacon de qualité provenant de cochons heureux et préparé par des bouchers amoureux de leur métier = une décision hautement intelligente.

⋆ Préchauffez le four à 400 °F (210 °C).

⋆ Faites griller la saucisse dans une poêle bien chaude jusqu'à ce qu'elle ait une belle couleur ambrée.

⋆ Enroulez les tranches de bacon autour de la saucisse. Au besoin, fixez-les à chaque bout avec des cure-dents.

⋆ Disposez le péteux sur une tôle à biscuits ou sur la grille d'une lèche-frite et enfournez jusqu'à ce que le bacon soit bien rôti, environ une dizaine de minutes.

⋆ Dans un tout autre ordre d'idée, cette recette est un *hit* assuré auprès d'enfants. Servez-leur le péteux coupé en morceaux et, juste pour faire pester votre sœur névrosée ou votre cousine trop parfaite, encouragez-les à manger avec leurs doigts. Mieux, faites comme eux.

*À manger en pantoufles debout à côté du comptoir, avec les doigts, en promettant à l'air ambiant que vous ne retoucherez plus à l'alcool d'ici... oh, au moins l'heure de l'apéro.*

# Crapaud dans le trou

Cette recette traditionnelle anglaise, qui a été transmise à Jessica par Papa Barker, se nomme *Toad in the hole*, ce qui veut dire, littéralement, « crapaud dans le trou ». Les origines sont vagues – on ne voit pas trop en quoi des saucisses dans de la pâte peuvent évoquer un crapaud dans un trou... On soupçonne un Anglais sur la brosse d'avoir halluciné un batracien dans son assiette un soir. De notre côté, on tente de visualiser le crapaud chaque fois et ça ne fonctionne jamais. Reste que cette recette décadente est pour les Anglais un plat qu'on sert le dimanche. Pour les folles, il s'agit d'un excellent plan pour un lendemain de veille.

**Pour deux folles à qui il faut du gras, vous aurez besoin de :**

3 grosses saucisses

2 œufs

½ tasse de farine

1 ½ tasse de lait

sel et poivre

environ ½ tasse d'huile d'olive ou de gras de canard, fondu

1 oignon ou 1 poireau, haché

✶ Allumez votre four à 425 °F (225 °C).

✶ Dans une poêle, faites cuire les saucisses à feu doux jusqu'à ce qu'elles soient bien dorées.

✶ Dans un bol, fouettez les œufs, la farine et le lait. Poivrez et salez généreusement.

✶ Dans un plat allant au four, versez l'huile d'olive ou le gras de canard. Vous voulez qu'il y ait environ 1 cm de gras dans le fond du plat. Oui, 1 cm. Oui, c'est beauuuuucoup de gras, mais ne discutez pas, vous êtes en lendemain de veille.

✶ Quand le four sera à la bonne température, mettez-y votre plat de gras et faites cuire durant 10 minutes. Vous verrez, ça fumera un peu : c'est le subtil signe que votre huile est prête.

✶ Versez le mélange d'œuf, de farine et de lait. Trèèèèèèès doucement, car l'huile est bouillante.

✶ Répartissez l'oignon ou le poireau sur le mélange et plantez votre saucisse au travers de tout ça (oh, les mauvais jeux de mots grivois qu'on se retient de faire!).

✶ Remettez au four pendant 45 minutes.

✶ Servez nappé du *gravy* de Papa Barker (voir recette suivante). C'est impératif.

*À dévorer en chantant « God Save The Queen » à tue-tête et en louant la compassion des British pour les folles-lendemain-de-veille.*

# *Gravy* de Papa Barker

Le Marmite est une chose étrange, mais qui nous rend absolument heureuses. Concrètement, il s'agit du résidu qui est récupéré dans les barils de bière. Eurk, dites-vous ? C'est que vous n'avez jamais goûté cette sauce épaisse, salée comme on les aime et pleine d'« umami », ce goût apparenté à celui de la sauce soya et créé par la présence de glutamate monosodique. On aime l'umami. Et on adore le *gravy* de Papa Barker, surtout quand on a fait la fête, la veille, avec Papa Barker.

**Pour une tasse de sauce qui est bonne sur tout, vous aurez besoin de :**

½ c. à soupe d'huile d'olive

1 c. à thé de fécule de maïs

1 c. à thé de farine

¼ tasse de demi-glace (Vous pouvez en trouver en paquet dans tous les supermarchés.)

½ cube de bouillon de bœuf

1 c. à thé de Marmite ou de Vegemite (la version australienne du Marmite)

1 c. à thé de sauce Worcestershire

½ tasse d'eau

1 c. à thé de jus de citron

Il n'y a pas mille solutions : il faut fouetter sans arrêt. Une main pour les ingrédients, l'autre pour le fouet. Pas de panique, vous en avez pour 7 minutes.

★ Dans une petite casserole, faites chauffer à feu moyen votre huile d'olive. Ajoutez la fécule de maïs et la farine et fouettez.

★ Incorporez le demi-glace et fouettez de plus belle.

★ Incorporez la moitié d'un cube de bouillon de bœuf... en fouettant.

★ C'est maintenant l'heure de la c. à thé de Marmite. Faut fouetter.

★ 1 c. à thé de sauce Worcestershire, et quelques coups de fouet.

★ Complétez avec l'eau, que vous verserez lentement tout en fouettant.

★ Ajoutez 1 c. à thé de citron et, ma foi du bon Dieu, fouettez comme vous n'avez jamais fouetté.

*À servir sur à peu près tout ce qui se mange, en célébrant les vertus de la vraie bonne bouffe trash.*

# Petits poudings
# du Yorkshire

Un autre subtil classique de la cuisine *british*, les *Yorkshire puddings* sont généralement servis noyés dans du *gravy*, en accompagnement d'un savoureux roastbeef trop cuit. Accessoirement, ils sont un redoutable remède aux lendemains de veille pour la très bonne raison qu'ils sont, littéralement, des muffins au gras. Amen.

**Pour deux folles « poquées »
qui veulent trois gentils
poudings chacune, vous
aurez besoin de :**

2 œufs

½ tasse de farine

1 ½ tasse de lait

sel et poivre

gras de canard, fondu,
ou huile d'olive
(Beaucoup.)

☆ Allumez votre four à 425 °F (225 °C).

☆ Dans un bol, fouettez les œufs, la farine et le lait. Poivrez et salez allégrement.

☆ Dans des moules à muffins, versez de l'huile d'olive ou du gras de canard. Allez-y généreusement ; l'idée est qu'il y ait environ 1 cm de gras dans le fond de chaque moule.

☆ Quand le four a atteint sa température, faites chauffer vos moules remplis de gras durant environ 10 minutes. Ça va fumer : c'est bon signe.

☆ Sortez vos moules du four et versez très doucement un peu de pâte dans chacun. Remplissez-les seulement à moitié, ça va joyeusement gonfler.

☆ Remettez au four pendant 30 minutes.

☆ Servez les poudings du Yorkshire immédiatement après les avoir sortis du four, avec tout plein de *gravy* de Papa Barker (voir recette page 46).

*À engloutir en parlant très fort, pour couvrir
le bruit de vos artères, qui crient au secours.*

# Petites saucisses de Rosa Babin

Rosa Babin a 87 ans. Quand elle reçoit sa famille pour Pâques, elle prépare elle-même sa tourtière (Une VRAIE tourtière. Du Saguenay. Pas un petit pâté à la viande.), son bacon et ses petites saucisses. Elle a plus d'énergie que nous deux mises ensemble. On ne connaît pas son secret, mais on a découvert que ses saucisses, qui se mangent comme des petits pains chauds en tout temps, font des miracles certains lendemains difficiles…

**Pour deux folles qui aimeraient bien se rappeler à quelle heure exactement elles se sont couchées, vous aurez besoin de :**

¹/₄ tasse de sauce soya

¹/₄ tasse de Coca-Cola

¹/₄ tasse de cassonade

2 gousses d'ail, hachées finement

1 paquet de saucisses à hot-dog

⋆ Mélangez la sauce soya, le Coca-Cola, la cassonade et l'ail dans un petit bol. Transférez dans une casserole, mettez sur le rond à feu doux et faites mijoter.

⋆ Coupez vos chics saucisses en petits tronçons et ajoutez-les au mélange. (Étape facultative : si vous êtes particulièrement motivée ou vraiment *fancy*, vous pouvez faire rôtir vos saucisses dans une poêle, avec un tout petit peu de beurre, juste avant de les ajouter au mélange.)

⋆ Faites mijoter pendant environ 15 minutes, jusqu'à ce que les saucisses commencent à fendiller.

*À grignoter en rêvant aux années soixante, à des petits sandwichs pas de croûte et à des branches de céleri farcies de Cheez Whiz.*

# Salade lendemain de veille

Cette élégante salade n'est pas devenue un grand classique pour rien : elle se sert parfaitement bien lors d'un brunch familial, d'un chic lunch entre copines, d'un petit souper tranquille… ou d'un douloureux lendemain de veille. Elle est simple à préparer et, avec son abondance de verdure et son pimpant œuf poché, elle vous permettra de vous faire accroire que vous faites enfin un choix santé.

**Pour une folle qui regrette amèrement sa soirée de la veille, vous aurez besoin de :**

2 tranches de bacon épaisses

1 oignon, haché

vinaigre de vin blanc (facultatif)

1 ou 2 œufs (Interrogez votre estomac à ce sujet.)

2 tasses de laitues mélangées (selon votre goût)

huile d'olive

sel et poivre

★ Coupez le bacon en lardons d'environ 1 cm.

★ Dans une petite poêle, faites revenir le bacon et l'oignon à feu moyen.

★ Remplissez une poêle d'eau et mettez-la sur le feu. Quand l'eau bout, ajoutez $1/3$ de tasse de vinaigre blanc. Cassez votre œuf dans l'eau bouillante et comptez 3 minutes pour obtenir un jaune bien coulant. (Pour un jaune plus cuit, on ne vous le dit pas. On juge beaucoup les œufs pochés cuits de bord en bord.)

★ Pendant que votre œuf cuit, disposez les laitues dans une assiette creuse, versez un filet d'huile d'olive et quelques *splashs* de vinaigre si ça vous tente. Ajoutez le bacon et l'oignon et mélangez gentiment.

★ Lorsqu'il est cuit, retirez votre œuf de l'eau avec une cuillère à trou. Très délicatement. Rien de plus triste qu'un œuf poché crevé un matin de gueule de bois.

★ Déposez l'œuf sur la salade, telle une mignonne cerise sur le sundae. Salez, poivrez et engloutissez.

*À manger tranquillement, en souhaitant qu'il existe un plat qui réconforterait aussi votre conscience.*

# Bouillon de la joie

« Bouillon, ô Bouillon, nous t'en supplions, redonne-nous le goût de fonctionner. » Combien de fois avons-nous entonné ce pathétique chant incantatoire ? On vous le donne en mille : beaucoup trop souvent. N'empêche que ce mélange de légumes congelés pour soupe tom yum a changé la couleur de nos lendemains de veille... On trouve ce merveilleux remède chez Olives et Épices au marché Jean-Talon, à Montréal. Stockez-en dans vos congélos. Si le providentiel mélange ne se vend pas près de chez vous, vous pouvez le faire vous-même. On a ajouté la liste des ingrédients au bas de la page.

**Pour une folle qui regarde** *Bridget Jones's Diary* **dans son lit depuis deux heures, vous aurez besoin de :**

1 tasse de bouillon de poulet

1 tasse de bouillon de bœuf

mélange tom yum de chez Olives et Épices au marché Jean-Talon

8 pois mange-tout

1 paquet de nouilles de style Ramen (Ce n'est pas le temps d'être *fancy* : votre dépanneur en vend des ben correctes.)

1 œuf

1 oignon vert, coupé en rondelles

coriandre

Ingrédients du mélange tom yum :

5 tiges de citronnelle

1 gros morceau de racine de galangal (Si vous n'en trouvez pas, vous pouvez mettre une racine de gingembre.)

15 feuilles de lime kéfir

2 piments oiseaux

★ Versez les deux bouillons dans une grande casserole. Ajoutez le mélange tom yum et portez à ébullition. Baissez le feu et faites mijoter environ 20 minutes.

★ Retirez le mélange du bouillon. (Vous pouvez réutiliser le mélange 3 ou 4 fois. Remettez-le simplement au congélateur pour un prochain matin décevant.)

★ Ajoutez les pois mange-tout et le paquet de nouilles, et poursuivez la cuisson durant 3 minutes.

★ Augmentez le feu au maximum. Lorsque la soupe bout, cassez votre œuf dedans et fouettez-le vivement pour qu'il se défasse en filaments.

★ Servez dans un grand bol. Parsemez d'oignon vert et de feuilles de coriandre.

*À boire lentement, en sentant les bienfaits du bon liquide chaud sur votre pauvre système déshydraté, et en songeant à peut-être prendre une petite marche plus tard.*

Je me fais accroire
que je veux perdre
dix livres

*Le célibat étant parfois dur* pour l'ego, surtout quand il se prolonge, l'idée d'une silhouette améliorée semble soudain pertinente et géniale. Toutes les filles se sont déjà fait croire qu'elles allaient maigrir pour de bon — peu y sont arrivées. En attendant, si vous êtes dans votre période « Je suis convaincue que c'est la solution », voici quelques recettes qui contiennent dans leurs descriptions les mots « poisson » ou « salade », ce qui suffit pour nous persuader que c'est bon pour la ligne... même si le poisson est noyé dans l'huile et le vin, et la salade, composée principalement de gras de canard.

# Noix pour éviter de tuer un citoyen quand vous vous faites accroire que vous allez perdre dix livres

Rafaële doutait beaucoup de la pertinence de cette recette, le concept de « noix épicées comme petit goûter santé pour calmer son appétit entre les repas » étant selon elle trop associé à l'idée de régime et donc profondément déprimant. Mais Jessica a insisté et, encore une fois (oui, ça nous arrive à toutes les deux de temps en temps), elle s'est avérée être la voix de la sagesse. Ces noix épicées sont riches et savoureuses... et quand vous aurez abandonné vos velléités de régime, vous découvrirez qu'elles sont tout indiquées pour l'apéro.

**Pour une folle qui veut se convaincre qu'elle est disciplinée, vous aurez besoin de :**

2 blancs d'œufs (Jessica fait dire ici que vous pouvez donner les jaunes « à votre chien ou à votre chat ». Vous comprendrez qu'elle n'a pas de chat. Mais c'est effectivement un gros *hit* avec les pitous.)

2 c. à thé de gingembre en poudre

2 c. à thé de cumin moulu

1 c. à thé de poivre de Cayenne

2 c. à thé de sel

2 c. à thé de cassonade

2 tasses de noix que vous aimez : noix de Grenoble, pacanes, amandes, noisettes...

2 c. à soupe d'huile de tournesol

* Allumez le four à 225 °F (105 °C).

* Battez les blancs d'œufs en neige jusqu'à l'obtention de pics mous. (Si vous ne savez pas comment, googlez la chose. Vous verrez, c'est très simple et extrêmement satisfaisant.)

* Incorporez aux blancs d'œufs les épices, le sel, la cassonade, puis les noix.

* Ajoutez l'huile et mélangez bien.

* Disposez les noix sur une plaque allant au four et faites cuire durant 1 heure, en retournant les noix toutes les 20 minutes, pour qu'elles soient cuites également de tous les côtés.

*À grignoter joyeusement en pensant à tout sauf à ce régime que vous n'entreprendrez jamais.*

# Fromage frit pour *wannabe* granole

Cette recette vient de Jessica, qui navigue beaucoup plus aisément que Rafaële dans les eaux vertueuses de la cuisine végétarienne. C'est un plat succulent, et il vous sauvera la vie la prochaine fois que votre amie granole, qui n'aime rien de plus que de faire du prosélytisme pour le végétarisme, viendra souper. (Si votre amie est végétalienne, on est vraiment désolées pour vous, mais on ne peut pas vous aider. Tant de pureté nous dépasse.)

**Pour deux folles qui se font accroire que tout plat végétarien est bon pour la santé et donc amincissant même s'il contient du beurre et de la crème, vous aurez besoin de :**

riz (brun, sauvage, basmati… Activité libre !)

1 bloc de fromage Haloum (C'est un fromage libanais ; une version « made in Québec », de marque Doré-Mi, se vend en épicerie.)

huile d'olive

1 botte de coriandre (avec les tiges – vous devriez avoir environ une tasse de coriandre en tout)

1 paquet d'épinards

4 c. à soupe de beurre

2 c. à thé de pâte de cari

¼ tasse de crème 15 %

⋆ Faites cuire le riz. Selon votre choix, vous devriez commencer la cuisson avant celle du fromage. Le riz brun prend jusqu'à 50 minutes pour cuire…

⋆ Coupez votre fromage en tranches et faites-le frire dans un peu d'huile d'olive jusqu'à ce qu'il soit doré. Aucune inquiétude, ce fromage résiste très bien à la chaleur. Gardez-le au chaud en le mettant au four à 200 °F (90 °C).

⋆ Lavez et essorez la coriandre et les épinards. Coupez les racines de la coriandre, mais gardez les tiges. Dans la poêle ayant servi pour le fromage, faites fondre le beurre. Quand il sera fondu, incorporez la pâte de cari et mélangez.

⋆ Ajoutez au beurre et au cari la coriandre et les épinards. Une fois les épinards tombés, ajoutez la crème.

⋆ Passez le mélange d'herbes et de cari au mélangeur. Ajustez la texture au besoin en ajoutant de la crème – on recherche une consistance comparable à celle d'un pesto.

⋆ Remettez le fromage dans la poêle, versez la sauce et réchauffez quelques minutes. Servez sur le riz.

*À manger en se sentant noble et vertueuse et en se disant qu'un repas végétarien justifie parfaitement une orgie de flanc de porc le lendemain.*

# Salade de cochonne

Notre salade de cochonne est une version de la célèbre salade landaise. Si vous ne connaissez pas la salade landaise, faites-vous plaisir : c'est un des plus beaux classiques de la cuisine régionale française. C'est aussi, comme son nom l'indique, une salade. Donc, selon Rafaële, un plat santé.

**Pour quatre folles qui savent se contenter du mot « salade » pour se donner bonne conscience, vous aurez besoin de :**

1 pomme de laitue
feuille de chêne

16 gésiers de canard confits

1 c. à soupe d'huile d'olive

24 tranches de magret de canard fumé (On trouve du magret fumé déjà tranché dans tous les bons supermarchés. Cela dit, si d'aventure vous vous trouvez dans le bout de Saint-Canut, la Boutique des Becs-Fins vend un magret fumé inoubliable, que vous n'aurez qu'à trancher vous-même.)

8 rondelles de foie gras au torchon (facultatif)

poivre du moulin

16 framboises fraîches

**Pour la vinaigrette**
¼ tasse d'huile d'olive

1 c. à soupe de vinaigre de framboise

1 ½ c. à soupe de moutarde de Dijon

poivre

⋆ Lavez et essorez votre laitue.

⋆ Dans un petit bol, fouettez vigoureusement l'huile d'olive, le vinaigre et la moutarde, jusqu'à ce que la vinaigrette émulsionne ou, comme on dit en bon français, « pogne ». Poivrez généreusement et versez cette mignonne vinaigrette sur la salade. Touillez celle-ci et répartissez-la dans quatre assiettes.

⋆ Dans une poêle, faites revenir les gésiers confits dans l'huile d'olive. Lorsqu'ils sont chauds, disposez-en 4 au milieu de chaque assiette de salade.

⋆ Finissez les assiettes en faisant un petit *pattern* élégant avec, pour chaque assiette, 6 tranches de magret de canard fumé et 2 rondelles de foie gras s'il y a lieu.

⋆ Donnez un dernier coup de poivre du moulin et décorez chaque assiette de 4 framboises fraîches.

*À savourer sans culpabilité aucune, en vous répétant le beau mantra des cochonnes : « Si c'est bon pour le moral, c'est bon pour le corps. »*

# Salade brocoli-feta
# pour femme trop motivée

D'où vient cette idée ? D'un régime qui suggérait de manger des légumes et des protéines exclusivement. *No carbs,* pour faire changement. Ce qui fait que Jessica a mangé cela pour déjeuner durant tout un été pendant que Rafaële riait d'elle. N'empêche que la salade était fort sympathique. Entendons-nous : en accompagnement. PAS pour déjeuner.

**Pour une folle assez motivée pour suivre un régime ou pour quatre folles désirant un sympathique accompagnement, vous aurez besoin de :**

1 tête de brocoli

1 brique (environ 250 g) de feta (Prenez-la légère si vous êtes vraiment ridiculement motivée, ordinaire si vous rentrez dans vos jeans.)

le jus d'un demi-citron

huile d'olive

poivre

⋆ Détachez les bouquets de brocoli et coupez les tiges en rondelles d'environ 1 cm d'épaisseur.

⋆ Faites cuire le brocoli à la vapeur dans une marguerite pendant 7 à 8 minutes.

⋆ Coupez votre feta en dés.

⋆ Dans un grand bol, mélangez le brocoli et la feta avec le jus de citron et un filet d'huile d'olive.

⋆ Poivrez mais ne salez pas : le fromage s'en charge.

*À servir avec un beau poisson grillé baignant dans l'huile, en vous félicitant de ne pas être au régime.*

# Salade de radis épanouis

C'est un des grands classiques des étés de la famille de Rafaële. Le croquant des radis frais, l'éclat pointu des cristaux de fleur de sel, la petite note poivrée de la menthe... tout nous ravit. Dès que sortent les premiers radis de la saison, nous nous garrochons sur les étals pour préparer cette fantastique salade, qui sera mangée compulsivement durant toute la belle saison, jusqu'à écœurement... si une telle chose est possible. Ce serait toutefois un plat véritablement santé si nous n'insistions pas pour l'assaisonner d'une quantité de fleur de sel presque indécente – qui, selon nous, fait toute la différence.

**Pour quatre folles qui songent à acquérir un miroir amincissant, vous aurez besoin de :**

4 tasses de radis frais, nettoyés (Ne vous inquiétez pas si ça semble beaucoup, le volume réduira lorsque vous les aurez hachés.)

½ tasse de feuilles de menthe verte

1 tomate rose, épépinée et coupée en petits dés

le jus d'un citron

3 c. à soupe d'huile d'olive

2 c. à thé de fleur de sel

* S'il y a lieu, coupez les plus gros radis en deux afin que tous les morceaux soient relativement égaux.

* Mettez les radis et la menthe dans le robot culinaire et hachez-les. Soyez brève et efficace : on ne veut surtout pas de la purée de radis.

* Transférez le tout dans un grand bol, ajoutez la tomate, le jus de citron et l'huile d'olive. Mélangez gentiment.

* Parsemez de sel quelques secondes seulement avant de servir : les radis dégorgent rapidement et ÉNORMÉMENT, et vous pourriez vous retrouver avec un pouce d'eau dans le fond de vos assiettes. Malaise.

*À manger le cœur léger, en jouissant des saveurs comme des textures et en ajoutant, pourquoi pas, une autre petite pincée de sel...*

# Mahi-mahi olé olé

Oui, on sait, c'est le nom de recette le plus insupportable jamais inventé, mais on ne pouvait résister : un steak de mahi-mahi, une couple de *shooters* de tequila et une salsa de feu… c'était comme un piège rempli de mauvais jeux de mots à saveur latino. On est tombées dedans allégrement. Ce sympathique piège a été concocté un soir où les mers du Sud semblaient irrémédiablement lointaines… et la bouteille de tequila, irrésistiblement accessible. Vous pouvez remplacer le mahi-mahi par du marlin ou de l'espadon, selon votre goût ou l'étalage de votre poissonnier.

**Pour deux folles qui rêvent à d'impeccables *bodies* en bikini, vous aurez besoin des ingrédients suivants.**

Pour les steaks de poisson

2 steaks de mahi-mahi d'environ 200 g chacun

sel

1 c. à soupe d'huile d'olive

2 *shooters* (60 ml ou ¼ tasse) de tequila

Pour la salsa

1 grosse tomate rose, coupée en dés

1 concombre libanais moyen (ou 2 petits), coupé en dés

1 grosse c. à soupe d'oignon rouge, haché finement

2 c. à thé de jus de lime frais

1 c. à soupe d'huile d'olive

1 ou 2 c. à soupe de coriandre, hachée (selon votre enthousiasme)

sel au goût

tabasco au goût itou

* Allumez le four à 375 °F (195 °C). Téléchargez une vieille toune de merengue sur votre iPod.

* Préparez ensuite votre salsa en mélangeant tous les ingrédients dans un petit bol, sauf le sel et le tabasco.

* Salez et huilez vos steaks de poisson de chaque côté.

* Dans une grande poêle bien chaude, faites griller vos steaks de mahi-mahi environ 1 ½ minute de chaque côté. Placez-les ensuite sur une plaque et finissez de les cuire au four durant 7 à 8 minutes.

* Ajoutez le sel et le tabasco à la salsa.

* Sortez les steaks du four. Servez-les dans une assiette bien chaude, ensevelis sous de jolis monticules de salsa, avec du riz blanc et des okras.

*À savourer en chantant à tue-tête des chansons sud-américaines dans un espagnol approximatif, en n'ayant pas peur du ridicule.*

## Sexy flétan

On aurait pu écrire « flétan à la provençale », mais on trouve que la Provence a le dos bien large quand vient le temps de qualifier un plat contenant de l'ail, du thym et de l'huile d'olive. Combo tout à fait *winner* et alléchant pour la folle qui se fait croire qu'elle mange léger. La recette est tout aussi bonne avec de la morue charbonnière – choisissez ce que vous trouverez de plus frais à la poissonnerie.

**Pour deux folles qui ont réalisé la veille qu'elles ne rentrent plus dans leurs jeans, vous aurez besoin de :**

4 tomates italiennes

2 ½ c. à soupe d'huile d'olive

2 petites gousses d'ail, hachées finement

1 c. à soupe de thym frais (ou ½ c. à soupe de thym séché)

sel et poivre

400 g de flétan, coupé en deux beaux pavés

100 g d'olives kalamata, hachées grossièrement

★ Préchauffez le four à 400 °F (210 °C).

★ Coupez les tomates en deux dans le sens de la longueur et placez-les sur une plaque allant au four, côté chair sur le dessus. Laissez assez de place sur la plaque pour les pavés de flétan. (Si vous faites la recette pour plusieurs personnes, vous allez avoir besoin d'une plaque pour les tomates et d'une autre pour le poisson.)

★ Dans un petit bol, mélangez 2 c. à soupe d'huile d'olive, l'ail et le thym. Salez et poivrez généreusement.

★ Badigeonnez les tomates du mélange d'huile et d'ail. Allez-y allégrement : on veut que ça goûte !

★ Placez la plaque de cuisson au four et faites cuire durant 10 minutes. (Encore une fois, si vous travaillez avec deux plaques, enfournez aussi celle qui est destinée à recevoir le poisson. Vous voulez qu'elle soit bien brûlante avant d'y mettre les pavés.)

*Suite* →

# Sexy flétan (suite)

★ Pendant ce temps, badigeonnez les pavés de flétan du reste de l'huile d'olive. Salez et poivrez.

★ Au bout de 10 minutes, sortez la plaque brûlante du four. Placez-y les pavés de flétan et regardez-les rétrécir sous l'effet de la chaleur.

★ Remettez au four pour environ 10 minutes, ou jusqu'à ce que les pavés se défassent aisément avec une fourchette.

★ Sortez la plaque du four. Gardez les pavés au chaud pendant que vous hachez grossièrement les tomates. Ajoutez les olives aux morceaux de tomate.

★ Servez les pavés dans des assiettes bien chaudes, recouverts du mélange de tomates et d'olives. Un riz basmati ordinaire et des courgettes rôties complé-teront parfaitement le tableau.

*À savourer la conscience tranquille, en tombant un peu amoureuse chaque fois que le goût salé d'une olive vient ponctuer votre bouchée.*

# Maquereau déculpabilisant

Si le maquereau ne fréquente pas déjà régulièrement votre table, introduisez-le. Ce petit poisson ultra-sexy, qui reste encore abondant dans nos mers trop souvent dépeuplées, est un puissant concentré de bons gras et d'oméga-3. C'est le festival de la rectitude politique et de la bonne conscience. Oh, et un détail : le maquereau est une petite bête à la saveur à la fois riche, puissante et élégante. Tellement que certains le craignent un peu. Jugez-les, et faites-vous plaisir.

**Pour quatre folles qui veulent se faire pardonner les oreilles de crisse qu'elles ont mangées la veille, vous aurez besoin de :**

4 filets de maquereau frais
(Les maquereaux se vendent souvent entiers. Faites de beaux yeux à votre sexy poissonnier portugais pour qu'il vous les filète.)

¼ tasse d'eau

¼ tasse de sucre

le jus d'une orange
(ou encore ¼ tasse de jus d'orange le plus naturel possible)

¼ tasse de sauce soya

¼ tasse de saké

¼ tasse de mirin

3 oignons verts, hachés finement

1 c. à soupe d'huile d'olive

⋆ Allumez le four à *broil* et placez une grille tout en haut, près de l'élément ou de la flamme.

⋆ Épongez vos filets et faites quelques incisions parallèles et peu profondes sur le côté de la peau, à environ 2 cm d'intervalle. Réservez au frais.

⋆ Dans une petite poêle, mélangez l'eau et le sucre et faites bouillir jusqu'à ce que le sucre soit dissout.

⋆ Baissez le feu et ajoutez le jus d'orange, la sauce soya, le saké et le mirin. Incorporez les oignons verts et faites mijoter doucement pendant que vous faites poêler vos filets.

⋆ Dans une grande poêle, faites revenir les filets dans l'huile à feu moyen, côté peau sur le dessus, durant 5 minutes.

⋆ Placez ensuite vos filets, toujours le côté peau sur le dessus, sur une grande plaque allant au four. Faites rôtir de 1 à 2 minutes, en surveillant bien. Vous voulez que la peau des filets dore à peine et commence à crépiter.

⋆ Sortez les filets, disposez-les dans quatre assiettes bien chaudes et nappez-les de la petite sauce. On vous suggère de servir ce plat avec un riz blanc, pour absorber les restants de sauce, et un légume de votre choix.

*À savourer en rêvassant à la beauté argentée des bancs de poissons et en n'éprouvant presque pas de culpabilité.*

# Crevettes et poivrons
# dans leur piscine d'huile

Il fut un temps où cette recette d'un vieil ami était préparée (et mangée) de manière presque compulsive. Elle vient encore colorer nos tables de temps en temps : c'est une vieille chum dont on ne se lasse pas. C'est aussi la recette qui a brisé le rêve de Rafaële, qui vivait dans un monde merveilleux où l'huile et le vin blanc étaient des liquides peu caloriques. Jessica l'a ramenée à l'ordre en lui expliquant la vraie nature des choses. Est-ce que cela nous empêche d'apprécier cette recette ? *Abso-fucking-lutely not.*

**Pour quatre folles qui pensent encore que huile = minceur, vous aurez besoin de :**

24 crevettes congelées

1 tête d'ail

1 botte de coriandre

1 poivron rouge

1 poivron jaune

1 tasse d'huile d'olive

1 bouteille de vinho verde

sambal oelek au goût

sel

450 g de pâtes spaghetti

* Mettez les crevettes dans un grand bol d'eau tiède pour les faire dégeler tranquillement.

* Hachez la tête d'ail au complet. On ne veut pas être *dull*, mais il serait préférable de ne pas utiliser ici votre presse-ail : si les morceaux sont trop petits, ils risquent de brûler. Oui, c'est long, mais voyez ça comme un exercice zen.

* Lavez et coupez les tiges de coriandre, que vous hacherez ensuite grossièrement.

* Coupez les poivrons en fines languettes.

* Versez une tasse d'huile d'olive dans une casserole moyenne et écoutez Rafaële répéter : « C'est pas engraissant, c'est de l'huile », puis ajoutez l'ail avant d'allumer à feu moyen.

* Quand des bulles se forment, mais avant l'ébullition, ajoutez la coriandre, ce qui fera baisser la température. Mélangez. Quand les bulles réapparaissent, versez une tasse de vinho verde (à cette étape, la bouteille doit déjà avoir été entamée pour l'apéro), puis incorporez les poivrons. Ajoutez 1 c. à soupe de sambal oelek, ou 2 si vous aimez ça relevé, puis 2 grosses pincées de sel. Faites cuire, couvert, à feu doux, pendant 15 minutes.

*Suite* →

# Crevettes et poivrons
# dans leur piscine d'huile (suite)

⋆ Décortiquez vos crevettes et faites bouillir de l'eau très salée pour les pâtes.

⋆ Une fois les pâtes mises à cuire, augmentez le feu sous le mélange de poivrons et de coriandre jusqu'à ébullition. Ajoutez alors vos crevettes et faites cuire de 5 à 6 minutes, ou jusqu'à ce qu'elles passent au rose. Ne les faites pas trop cuire, ça serait extrêmement décevant.

⋆ Quand vos pâtes sont cuites, déposez-les dans un grand plat et versez la sauce dessus. Mettez le sel et le sambal oelek sur la table. La recette originale était faite avec des habaneros, qui sont les piments les plus piquants au monde... Alors pas de gêne, on est entre filles, et on est censées avoir chaud en mangeant ces pâtes. Dites-vous que c'est une forme d'exercice physique.

# Potage de feu aux lentilles et aux épinards

Tant de santé dans un seul bol, c'est presque angoissant. Mais cette recette nourrissante et végétarienne est surtout profondément savoureuse. Oui, des fois, la santé, ça goûte bon.

**Pour quatre folles qui ont besoin de se faire accroire qu'elles prennent soin d'elles, vous aurez besoin de :**

1 oignon, haché

3 gousses d'ail, hachées finement

2 c. à thé de gingembre frais, haché finement

huile d'olive

sel et poivre

1 tasse de lentilles sèches de votre choix

3 c. à thé de poudre de cari

1 c. à thé de cumin

5 tasses de bouillon de légumes

2 tomates, coupées en dés

le jus d'un citron

1 botte d'épinards, hachés grossièrement

sambal oelek

* Dans une casserole à fond épais, à feu moyen, faites revenir dans un peu d'huile d'olive l'oignon, l'ail et le gingembre. Salez et poivrez.

* Ajoutez les lentilles sèches et les épices et faites revenir pendant quelques minutes encore, jusqu'à ce que les épices se mettent à embaumer.

* Incorporez le bouillon de légumes, les tomates et le jus de citron et faites cuire à feu doux (vous voulez que le potage mijote tout doucement), à couvert, pendant environ 40 minutes ou jusqu'à ce que les lentilles soient tendres.

* 5 minutes avant la fin de la cuisson, ajoutez les épinards.

*Servir bien chaud, avec un pot de sambal oelek pas trop loin.*

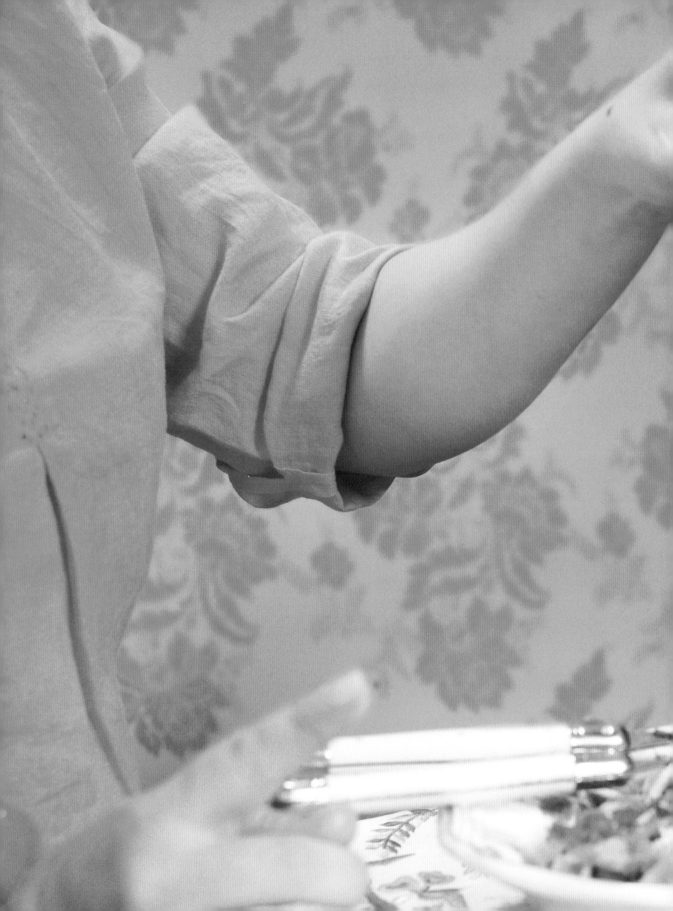

J'ai commencé à parler
à mon chien et je pense
qu'il me comprend

*Vous avez réalisé* que vous étiez célibataire depuis peut-être un peu trop longtemps quand, un petit matin frisquet de mars, vous vous êtes surprise à parler sérieusement à votre chien. Voici quelques recettes rapides (qui a envie de cuisinier longuement juste pour soi-même?) et *single-friendly* à partager lors de ces douloureux tête-à-tête avec votre chien ou votre chat.

# Poulet au pesto
# des petits mardis gris

Nous n'inventons ici rien d'extraordinaire : ces deux meilleurs amis de la femme célibataire dépannent merveilleusement bien quand l'idée de se retrouver à l'épicerie suscite une crise de panique et que vous vous sentez incapable d'appeler pour la quatrième soirée consécutive le gars de *À la Carte Express*, qui vous appelle par votre prénom et, vous le sentez, n'est pas loin de vous faire des avances.

**Pour une folle qui ne sait pas quoi manger le mardi soir, vous aurez besoin de :**

1 paquet de 4 hauts de cuisse désossés (Jessica aimerait spécifier ici que toute femme qui se respecte devrait toujours avoir des paquets de hauts de cuisse désossés dans le congélo, parce que c'est bon, oui, mais surtout parce que c'est toujours un *deal* de FEU à l'épicerie. Jessica a une petite passion pour les bons *deals*.)

1/3 tasse de pesto pour recouvrir les hauts de cuisse (On aime bien le pesto Le Grand, en pochette, mais allez-y fort avec votre marque préférée, ou mieux encore, si vous êtes plus zélée que nous, avec votre « batche » de pesto maison.)

* Dans un grand bol, mélangez bien vos hauts de cuisse avec le pesto. Faites mariner le temps de prendre l'apéro en regardant un épisode de *Seinfeld*, *Law and Order* ou *Sex and the City*.

* Faites cuire votre poulet à feu moyen-élevé, pendant 7 minutes de chaque côté. Utilisez une poêle en fonte avec des stries si vous en avez une. Si vous n'en avez pas, ce n'est pas grave du tout, c'est juste pour le *look*. Si vous êtes de style BBQ, sortez vos pinces et ayez l'air en contrôle. Peut-être que le voisin *cute* va passer devant votre balcon...

* Servez avec une belle salade arrosée de votre vinaigrette préférée et réinstallez-vous devant un épisode de la série de votre choix, en vous demandant ce que l'être humain faisait avant l'invention des séries sur DVD. S'il y a lieu, gardez les restes, ça vous fera un super lunch pour le lendemain : le poulet au pesto est aussi bon froid que chaud !

# Saumon micro-ondes

Cette recette d'une simplicité déconcertante a mis plus souvent qu'à son tour un peu de rose et beaucoup de saveur dans nos soirées tristounettes. On aurait très bien pu faire comme tout le monde et s'apitoyer sur notre sort en finissant la bouteille de vodka et en avalant en guise de repas une soupe Ramen en sachet dont la date d'expiration remonte à l'époque de notre avant-dernier chum. Mais on a su se remonter le moral à grands coups de micro-ondes et d'oméga-3. Il est à noter d'ailleurs que cette recette connaît un succès retentissant auprès de l'homme vivant seul : la plupart des célibataires endurcis qui y ont goûté l'ont adoptée.

**Pour une folle qui s'est entendue demander à son chien, pour la troisième fois de la journée : « Qu'est-ce que maman va manger ce soir, hein ? » vous aurez besoin de :**

¼ tasse de sauce soya

1 c. à soupe d'huile de sésame

1 petite gousse d'ail, finement hachée

1 c. à thé de gingembre frais, râpé

200 g de saumon (idéalement le bout près de la queue : il est plus mince et cuira plus uniformément)

poivre

★ Dans un petit bol, mélangez la sauce soya, l'huile de sésame, l'ail et le gingembre.

★ Placez le saumon dans une assiette creuse allant au micro-ondes et ajoutez le mélange à la sauce soya. Couvrez d'une pellicule de plastique et faites mariner au moins 15 minutes.

★ Faites cuire au micro-ondes à puissance élevée durant 4 à 5 minutes. (La puissance des micro-ondes variant beaucoup, on vous dirait d'y aller avec 3 minutes lors de votre premier essai. Vous ajusterez par la suite. Le saumon doit être bien cuit, donc opaque et se défaisant bien à la fourchette.)

★ Servez-vous ce saumon compatissant avec du riz et des fèves vertes.

*À manger fièrement, en regardant la neige tomber et en vous moquant de la solitude.*

# Crevette
# et ses deux amants

Une étude sérieuse et approfondie auprès d'un groupe de jeunes célibataires pas vraiment sérieuses nous a appris ceci : le congélateur de la folle vivant seule contient généralement des bacs à glaçons (à moitié vides), une bouteille de vodka (aux trois quarts vide), deux ou trois pots d'un bouillon de poulet concocté dans un élan de joie domestique bref mais productif et des crevettes congelées. (On espère ici vivement que ce sont des crues non décortiquées. On est désolées mais les déjà cuites, ça goûte un peu le carton, et ce n'est pas ce qu'on recherche dans une crevette.) La recette qui suit nous a nourries lors de nos soirées de célibataires, mais aussi avec des amis, de la famille, un amoureux… Et elle rend enfin justice à ces deux amants naturels de la crevette : le panais et le poireau. Pas sexy, le poireau ? *Dull*, le panais ? Détrompez-vous.

**Pour une folle qui refuse de sombrer dans l'enfer de la-canne-de-thon-mangée-debout-à-côté-du-comptoir-avec-des-biscuits-soda-en-lieu-de-souper, vous aurez besoin de :**

6-8 crevettes congelées

1 panais

1 poireau

1 c. à soupe d'huile d'olive

sel et poivre

☆ Faites dégeler vos crevettes dans un bol d'eau tiède. Ça devrait prendre environ 10 minutes.

☆ Pendant ce temps, pelez le panais à l'aide de l'économe et coupez-le en fines tranches.

☆ Enlevez la première épaisseur de votre poireau et rincez-le à grande eau. Soyez vigilante, il y a souvent de la terre qui se cache sournoisement entre les feuilles. Émincez-le.

☆ Faites chauffez l'huile dans une poêle, à feu moyen-élevé. Quand elle est chaude, ajoutez les poireaux. Salez, poivrez et faites tomber pendant 4 à 5 minutes.

☆ Ajoutez les panais et poursuivez la cuisson durant 4 minutes.

∗ Nettoyez les crevettes. Une petite incision au bout opposé à la queue, sur le dos, vous permettra d'atteindre la « veine », qui est en fait le bout de son système digestif. Tirez délicatement pour l'enlever. Oui, c'est un peu long, à la limite fastidieux, mais voulez-vous vraiment manger un bout de système digestif ?

∗ Orchestrez finalement la rencontre entre la crevette et ses deux amants. Cette étreinte sera brève, il ne faut pas faire cuire les crevettes longtemps, à peine 4 minutes. On vous recommande de les faire cuire non décortiquées. Niveau goût, ça vaut grandement la peine. Et c'est une activité à faire pendant le repas… C'est si agréable de manger avec ses doigts !

*À savourer en appréciant la générosité de ces deux grands amants et la succulence de leur maîtresse.*

# Carbos de Camille

Oui, on le sait, tous les Italiens vont monter aux barricades mais… grâce à Camille, une merveilleuse folle, nous mettons de la crème dans nos pâtes. Impardonnable hérésie, on s'en doute, mais le résultat est tellement cochon et la recette, tellement impossible à rater, que même si on en était capables on ne se sentirait pas coupables. Il s'agit d'un ultime réconfort : du gras, du gras et du sel…

**Pour une folle qui veut se faire du bien et qui va avoir un beau lunch en prime le lendemain, vous aurez besoin de :**

4 épaisses tranches de bacon préparées par votre sexy boucher (C'est vraiment meilleur que le bacon en paquet, qui baigne dans son jus…)

1 oignon, haché

2 gousses d'ail, hachées très grossièrement

225 g de pâtes (au choix)

1 jaune d'œuf (Encore une fois, Jessica aimerait vous faire penser à donner le blanc à votre chien : « Sur la nourriture sèche, c'est un vrai régal, et c'est excellent pour son poil ! »)

¼ tasse de crème 15 ou 35 % (selon votre état psychologique…)

½ tasse de parmesan, fraîchement râpé

olives kalamata (Facultatif – consultez préalablement vos artères : les carbos de Camille sont déjà très salées.)

* Faites bouillir un grand chaudron d'eau salée pour vos pâtes.

* Coupez votre bacon en lardons, c'est-à-dire en morceaux d'environ 1 cm.

* Faites revenir l'oignon et le bacon dans une poêle à feu moyen, pour ne pas faire brûler le bacon. Pas besoin d'ajouter de corps gras, le bacon s'en charge. Après 8 minutes, ajoutez l'ail et faites cuire encore 3 minutes.

* Si vous êtes du genre à culpabiliser dans la vie, enlevez l'excès de gras.

* Lorsque l'eau bout, ajoutez les pâtes.

* Dans un petit bol, mélangez le jaune d'œuf, la crème et le parmesan. Poivrez généreusement.

* Lorsque les pâtes sont cuites, égouttez-les. Ne les rincez pas, JAMAIS ! On vous « watche ».

* Incorporez le bacon et le mélange d'œuf et de crème. Servez dans un bol avec quelques olives dénoyautées.

*À dévorer comme la petite gloutonne que vous êtes vraiment, celle qui n'a pas peur du gras et qui s'est promis un jour de ne jamais dire non aux bonnes choses.*

# Fabuleuses
# pâtes au thon

Il y a plusieurs raisons pour lesquelles les pâtes au thon sont rapidement devenues pour nous un classique : c'est simple, c'est rapide, c'est délicieux, c'est réconfortant et c'est un *hit* garanti, à tel point qu'après l'avoir faite à des dizaines de reprises, on se prend à s'étonner de la réaction littéralement dithyrambique de ceux qui goûtent à cette recette pour la première fois. Elle met de la joie dans n'importe quel repas, même ceux qu'on partage avec notre chien... Elle nous vient de la tante de Rafaële, Suzanne, qui sera nommée à quelques reprises dans ce livre. En cuisine, Suzanne est une très grosse pointure. Elle coud des bêtes farcies. Elle fait entrer des poulpes entiers dans des bouteilles d'eau Evian. C'est un peu comme une Julia Child de cinq pieds un.

*À partager avec Fido à la lumière de plusieurs chandelles, en méditant sur le désert que serait la vie si le beurre n'existait pas.*

**Pour votre charmante personne, vous aurez besoin de :**

1 c. à soupe de beurre

1 anchois

1 belle tomate bien ferme

¼ tasse d'huile d'olive

environ 150 g de pâtes sèches (des pâtes longues et minces : spaghetti ou linguini)

1 petite gousse d'ail, finement hachée

80 g de thon en boîte dans l'huile d'olive (Ne vous dites pas : « Ah, y'en a pas dans l'huile d'olive, je vais prendre du thon dans l'eau, ça va faire pareil. » Ça ne va pas faire pareil.)

poivre concassé

2 c. à soupe de persil italien, haché

★ Avant toute chose, pilez le beurre avec l'anchois, dans un mortier si vous en avez un, sinon avec une fourchette dans une petite assiette. Mettez ensuite votre beurre d'anchois au frais.

★ Coupez les tomates en deux, videz-les de leur jus et coupez-les en cubes de 1 ou 2 cm.

★ Placez les tomates dans une poêle et recouvrez-les d'huile d'olive, puis faites-les cuire à feu très doux pendant que vos pâtes cuisent.

★ Justement, faites cuire vos pâtes dans une eau bien salée.

★ Dans une autre poêle, faites revenir l'ail et le thon dans son huile.

★ Retirez les tomates de l'huile avec une cuillère à trou et mélangez-les avec le thon et l'ail. Vous pouvez ajuster la texture en ajoutant de l'huile de cuisson des tomates.

★ Égouttez les pâtes et, dans un grand bol, mélangez-les bien avec la sauce au thon et aux tomates.

★ Servez avec 1 c. à soupe de beurre d'anchois, une bonne dose de poivre concassé et une pluie de persil haché.

# Salade de fer

Ah, le fer ! Une fois par mois, il est inopinément requis. Tout à coup, la section des abats à l'épicerie devient absolument passionnante alors que le reste de l'univers vous agresse. C'est une des joies d'être femme. Embrassez-la. Et tant qu'à faire, profitez-en pour vous régaler avec ce classique tout simple et toujours efficace.

**Pour une folle hormonale, vous aurez besoin de :**

6 foies de poulet, bio si possible (ENCORE une fois, Jessica fait dire de donner le reste du paquet à votre chien. Rafaële aimerait ajouter qu'ils peuvent aussi être servis à un autre être humain qui partagerait votre solitude.)

2 c. à soupe d'huile d'olive

1 c. à soupe de vinaigre balsamique

1 oignon vert, haché finement

sel et poivre

mélange de laitue, de cresson, d'épinards, de radicchio... (Allez-y avec ce qui vous inspire, c'est *that time of the month*, vous avez le droit d'être capricieuse.)

* Rincez vos foies de poulet et coupez-les en deux.

* Dans une poêle, versez un peu d'huile d'olive. Ajoutez les foies quand la poêle est très chaude. Selon la cuisson que vous voulez, de rosé à bien cuit, calculez de 5 à 10 minutes.

* Dans un petit bol allant au micro-ondes, fouettez vigoureusement l'huile et le vinaigre. Ajoutez l'oignon vert, salez et poivrez généreusement et faites réchauffer au micro-ondes à puissance maximale durant environ 20 secondes. L'idée est d'obtenir une vinaigrette tiède, pas de faire exploser votre bol.

* Versez la vinaigrette sur la salade, touillez hardiment et déposez les foies sur le tout. Donnez un autre petit coup de moulin à poivre.

*À savourer en racontant à votre chat ou à votre chien vos derniers déboires. Si celui-ci ne compatit pas à votre douleur, vous avez le droit de le bouder.*

# Maman Vu

Maman Vu, c'est la mère de notre ami Richard, une toute petite femme brillante et autoritaire qui a quitté le Vietnam il y a 30 ans, comme tant d'autres de ses compatriotes. Comme eux, elle a aussi déployé à son arrivée ici des trésors d'ingéniosité, de débrouillardise et de force pour se tailler une place, avec sa famille et ses enfants. Pendant quelque temps, elle a tenu un petit restaurant, qu'elle a quitté lorsqu'elle a réalisé que ses partenaires n'avaient pas les mêmes standards qu'elle.

Il faut dire que les standards de Maman Vu sont TRÈS élevés. Ce qui fait d'elle une cuisinière époustouflante... et un maître impitoyable. Il faut la voir aller dans une cuisine. C'est une inspiration. Et une terreur. Ses gestes sont précis, exacts, son goût infaillible. Elle travaille bien évidemment sans recette écrite, ajustant l'assaisonnement d'un mélange de porc et de crevettes pour des rouleaux impériaux (qui nous feront défaillir de plaisir), expliquant à Jessica, dans un mélange de français cassé, d'anglais approximatif et de vietnamien traduit par son fils, qu'elle est incapable de décortiquer une crevette comme du monde, et à Rafaële qu'elle ne devrait plus jamais être autorisée à manier une mandoline.

Nous sommes sorties de cette leçon de cuisine l'ego en berne... et avec des recettes d'une délicatesse et d'une intelligence remarquables. Voici celle de sa salade, une véritable explosion de fraîcheur qui peut entraîner une dépendance. Vous aurez besoin d'une mandoline. (C'est un excellent investissement. Vous ne le savez pas encore, mais vous aviez besoin d'une mandoline depuis longtemps.) Maman Vu n'étant probablement pas dans votre cuisine, faites simplement attention de ne pas vous couper. On ne le lui dira pas si vos juliennes ne sont pas impeccables.

# Salade de Maman Vu

*À savourer lentement, respectueusement, en pensant aux chemins qu'ont dû prendre certaines saveurs pour se rendre jusqu'à nous.*

**Pour une folle qui veut se convaincre que cuisiner pour soi est une thérapie efficace, vous aurez besoin des ingrédients suivants.**

**Pour la salade**
250 g de crevettes congelées non décortiquées

½ oignon blanc

1 grosse carotte

½ daïkon (ce gros radis japonais blanc qui ressemble à un panais et qui se trouve maintenant dans toutes les bonnes épiceries)

½ concombre anglais, lavé mais non pelé

2 branches de céleri

1 pot de racines de lotus (Facultatif – les racines de lotus sont surtout là pour ajouter de la texture. Les Vietnamiens cuisinent autant avec les textures qu'avec les saveurs.)

menthe (en masse)

**Pour la vinaigrette**
le jus de 2 citrons

¼ tasse de sucre

¼ tasse de sauce de poisson

⋆ Faites décongeler vos crevettes dans un grand bol d'eau froide.

⋆ Tranchez l'oignon en deux dans le sens de la longueur et coupez-en la moitié en très fines tranches. Faites-les baigner dans un bol d'eau froide, ce qui enlèvera le côté trop astringent de l'oignon cru.

⋆ Avec la mandoline, coupez la carotte, le daïkon et le concombre en julienne (pour ce qui est du concombre, coupez-le préalablement en deux et enlevez les pépins et le cœur, trop liquide).

⋆ Coupez les branches de céleri en fins biseaux.

⋆ Si vous utilisez des racines de lotus, coupez-les aussi en fins biseaux.

⋆ Découvrez la façon la plus intelligente de faire cuire des crevettes : lorsqu'elles sont décongelées et déveinées, mettez-les dans un chaudron sans les décortiquer. Toutes seules. Sans eau. Sans bouillon. Sans rien. Allumez à feu vif. Dès que l'eau contenue dans les crevettes commencera à bouillir, couvrez et faites cuire à peine 2 minutes. Vous serez récompensées par des crevettes hautement savoureuses.

⋆ Lorsqu'elles auront refroidi, décortiquez vos crevettes hautement savoureuses. Enlevez aussi les queues.

⋆ Mélangez les légumes et les crevettes.

⋆ Faites la vinaigrette : mélangez d'abord le jus de citron et le sucre (vous devriez obtenir quelque chose qui ressemble à une limonade très sucrée). Ajoutez une quantité égale de sauce de poisson.

⋆ Versez la quantité de vinaigrette qui vous plaît sur votre salade. Mélangez bien. À la toute dernière minute, parsemez d'une bonne poignée de feuilles de menthe fraîche.

*Je serai fabuleuse
à l'arrivée de mes amis*

*Épuisée émotionnellement* par une suite de *blind dates* pathétiques, vous décidez de vous prendre en main en invitant votre joli groupe d'amis à souper. Pas question qu'ils vous voient l'aisselle humide et le cheveu décoiffé en train de faire un *burn out* parce que le repas n'est pas prêt à temps. Faites donc plutôt une de ces recettes qui se préparent entièrement à l'avance et qui vous permettra de les accueillir détendue, en robe de soirée, le shaker à la main.

# Olives aux anchois et à la coriandre

Une autre recette de la tante Suzanne, un autre furieux *hit*. Elle s'est répandue comme une savoureuse traînée de poudre à travers nos cercles d'amis, apparaissant à l'apéro, entre les verres de vin et les cocktails sur les comptoirs, sur les tables à café, sur les nappes blanches. Vous assiérez votre fabulosité d'entrée de jeu en les sortant du frigo avec la première bouteille. Ne reculez pas devant le mot « anchois ». (En fait, ne dites carrément pas à vos invités un peu difficiles qu'il y en a.) Le goût est subtil, il donne simplement une touche salée et savoureuse aux olives.

**Pour une demi-douzaine d'amis qui réclament l'apéro à grands cris, vous aurez besoin de :**

2 boîtes d'olives à la farce d'anchois (On ne saurait trop vous recommander celles de la marque Crespo, qui se trouvent dans tous les supermarchés et dont le goût est parfaitement équilibré.)

1 gousse d'ail, finement hachée

le zeste d'un citron

le jus d'un demi-citron

1 c. à soupe d'huile d'olive

¼ tasse de coriandre fraîche, lavée et hachée

★ Égouttez les olives.

★ Mélangez tous les ingrédients dans un joli bol.

★ Placez au frigo.

★ Sortez du frigo.

*Soyez fabuleuse.*

# Salade 132

Sur la belle route 132, quelque part entre Le Bic et Rimouski, une femme profondément sympa vend des légumes dans une petite cabane. Sa laitue est spectaculaire, d'un vert épatant. Elle précise qu'il ne faut surtout pas la gâcher avec du vinaigre. On la mange comment, alors ? Toute nue ? « Mais non, répond la dame. Avec de la crème 35 %. » Il faut toujours écouter les vendeuses de légumes profondément sympas.

**Pour une merveilleuse équipée, vous aurez besoin de :**

1 belle laitue pommée

2 oignons verts, hachés finement

1/4 tasse de crème 35 %

poivre du moulin

fleur de sel, ou alors sel en flocons (Il faut que ça craque sous la dent.)

✳ Lavez et essorez bien votre laitue, puis déchirez-la grossièrement.

✳ Mettez la laitue et les oignons verts dans un bol qui les mettra en valeur. Tant qu'à épater la galerie avec la chic simplicité de vos recettes, allez-y fort sur la présentation.

✳ Au moment de servir, versez la crème, poivrez et salez généreusement et touillez ardemment.

*À déguster lentement, en savourant le goût de la laitue et non celui d'un « magnifique vinaigre au cidre de pomme de glace ».*

# Lait de courge
# et sa brunoise de betteraves

Femme fabuleuse, voici une fabuleuse recette qui plaira à vos fabuleux convives. Certaines mauvaises langues vous diront : « Calme-toi avec ton lait et ta brunoise, c'est un potage de courge avec des betteraves en dés. » Vous leur répondrez qu'ils ont parfaitement raison, mais qu'ils n'ont visiblement aucun sens du fabuleux. Puis vous les épaterez avec cette recette charmante, gourmande et intelligente.

**Pour quatre convives qui veulent vous voir à table et non à vos fourneaux, vous aurez besoin de :**

3 betteraves

huile d'olive

2 petites courges Butternut ou une grosse, selon ce que vous trouverez au marché

1 oignon, grossièrement haché

sel et poivre

1 l de lait 2 % ou 3,25 %, selon le besoin de gras du moment

une noix de beurre

fromage de chèvre en petites boules qui baignent dans l'huile

⋆ Préchauffez le four à 375 °F (190 °C).

⋆ Emballez les betteraves non pelées dans du papier d'aluminium et faites-les cuire au four environ 45 minutes. Quand elles sont cuites, enlevez la peau et coupez-les en petits dés. Mélangez dans un bol avec un filet d'huile d'olive et du poivre du moulin. Réservez.

⋆ Pendant la cuisson des betteraves, coupez la ou les courge(s) en gros dés.

⋆ Dans une casserole à fond épais, faites tomber les oignons dans l'huile d'olive. Salez, poivrez et ajoutez la courge. Poursuivez la cuisson durant 3 à 4 minutes.

⋆ Ajoutez le lait (ajustez ici selon la grosseur de votre casserole : il faut que la courge soit juste recouverte). Baissez le feu et laissez mijoter 40 minutes. Ne vous inquiétez pas, le lait va mousser. C'est normal.

⋆ Passez au mélangeur. Ajoutez une noix de beurre à la fin.

⋆ Remettez le lait de courge mélangé dans votre casserole et gardez au chaud.

⋆ Au moment du service, choisissez des assiettes peu profondes. Versez le potage, puis formez une petite île avec les betteraves en morceaux. Ajoutez sur l'île deux boules de chèvre par assiette, ou disposez-les dans un joli bol.

*Servez avec un gros morceau de bonne baguette, à moins que vous aimiez voir vos invités lécher leur bol (nous, on aime).*

# Potage pour faire aimer
## le lait de coco à n'importe qui

Cette recette est parfaite pour la folle qui reçoit un groupe : elle se prépare à l'avance, elle est toute simple et elle donne un potage d'un vert tellement lumineux et tellement joli qu'on ne peut s'empêcher de sourire en regardant son bol. Pour ce qui est du lait de coco, sujet toujours délicat et controversé, on vous conseille la technique suivante : omettre les détails. « C'est aux asperges » suffira amplement. Ceux qui aiment reconnaîtront l'onctuosité du lait de coco, et ceux qui détestent s'extasieront devant cette soupe savoureuse pendant que vous rirez dans votre barbe (postiche, bien sûr).

**Pour six amis gourmands, vous aurez besoin de :**

2 c. à soupe de beurre

2 c. à soupe d'huile d'olive

1 oignon, haché grossièrement

½ c. à thé de gingembre frais

½ c. à thé de poudre de curry

½ c. à thé de sel

poivre

le jus d'un demi-citron

1 ½ tasse de bouillon de poulet

1 boîte (400 ml) de lait de coco

2 bottes d'asperges

✦ Dans une grande casserole à fond épais, faites fondre le beurre et l'huile et faites-y revenir l'oignon pendant environ 5 minutes.

✦ Ajoutez les épices, les assaisonnements et le jus de citron et faites revenir pendant quelques minutes encore.

✦ Ajoutez le bouillon, le lait de coco et les asperges, puis faites cuire à feu moyen (vous aspirez ici à une légère ébullition), à demi-couvert, pendant environ 10 minutes – un peu moins si vos asperges sont très fines. Mais on vous conseille ardemment de belles grosses asperges (en saison, les grosses s'imposent carrément).

✦ Lorsque les asperges sont tendres, passez le potage au mélangeur et rectifiez l'assaisonnement.

*À servir dans des assiettes peu profondes pour que l'éblouissant vert bénéficie de la plus grande surface possible, en rêvant doucement de vous étendre dans un champ de la même couleur.*

# Navarin pas brun

On serait tenté, devant le mot « navarin », d'évoquer de vieilles cuisines françaises et des plats lourds et laborieux. Détrompez-vous : un navarin d'agneau se prépare facilement à l'avance et est à la limite léger (OK, il y a de la crème et de la viande, mais concentrez-vous sur les légumes colorés). On parle souvent d'un navarin « printanier » pour la très bonne raison qu'au printemps, les petits légumes nouveaux sont irrésistibles dans une telle recette. Vous pouvez bien sûr tourner les coins ronds en hiver ; comme vos légumes seront inévitablement plus gros, vous n'aurez qu'à ajuster les quantités et les temps de cuisson.

**Pour six gourmands qui ont envie de partager les joies du terroir, vous aurez besoin de :**

1,2 kg d'épaule d'agneau (sans l'os), coupée en gros cubes d'environ 3 cm de côté

3 c. à soupe de beurre

1 oignon jaune, haché

le blanc d'un gros poireau, bien lavé et tranché finement

1 grosse c. à soupe de farine

½ tasse de vin blanc sec

4 branches de thym

1 branche de romarin

6 petits navets, épluchés

12 oignons perlés, épluchés

12 petites carottes nouvelles, épluchées

1 tasse de petits pois frais, mesurée une fois qu'ils ont été écossés

1 tasse de crème 35 %

2 grosses tomates, coupées en dés

sel et poivre

☆ Épongez bien vos cubes d'agneau et faites-les revenir dans le beurre avec l'oignon et le poireau, dans une cocotte à fond épais, jusqu'à ce qu'ils soient légèrement dorés.

☆ Saupoudrez de farine les cubes d'agneau et poursuivez la cuisson quelques minutes. Versez ensuite le vin blanc et laissez réduire jusqu'à ce qu'il ne reste presque plus de liquide. Ajoutez alors assez d'eau pour couvrir la viande, ainsi que le thym et le romarin, et baissez le feu pour que votre plat mijote doucement, à demi-couvert, durant environ 1 heure.

☆ Pendant ce temps, faites cuire les navets, les oignons et les carottes dans beaucoup d'eau bouillante bien salée. C'est ici que vous devrez exercer une vigilance de feu : vous voulez des légumes cuits, bien sûr, mais encore croquants. Le temps de cuisson pouvant varier énormément selon la grosseur et la fraîcheur de vos légumes, surveillez-les intensément. En général, 15 minutes suffisent pour les petits navets, un peu moins pour les carottes et 7 à 8 minutes pour les petits oignons.

☆ Après avoir égoutté les légumes cuits, plongez-les dans un bain d'eau glacée. Ils conserveront mieux leur croquant.

*Suite →*

# Navarin pas brun (suite)

★ Faites cuire les petits pois à la vapeur et plongez-les à leur tour dans l'eau glacée.

★ Mettez tous ces beaux légumes de côté.

★ Au bout de 1 heure de cuisson, ajoutez la crème au navarin. Faites mijoter pour encore 30 minutes. Vous pouvez alors le retirer du feu et le garder couvert.

★ Lorsque vos invités seront arrivés et abreuvés, remettez votre navarin sur le feu. Ajoutez tous les légumes et les tomates, assaisonnez vigoureusement et réchauffez tout doucement.

★ Servez avec des petites pommes de terre ou sur un riz blanc qui absorbera diligemment la bonne sauce.

*À manger à grosses bouchées, en s'émerveillant sincèrement devant ce que peut produire la terre de notre belle province.*

# Tajine d'agneau
# au bon goût de bonheur

Il doit exister autant de recettes de tajine qu'il y a de gens qui en cuisinent. Ce plat d'Afrique du Nord se décline à toutes les sauces, toutes les épices, toutes les viandes. La version que nous vous donnons ici n'est qu'une des nombreuses que nous avons faites, un tajine n'étant jamais pareil à un autre. Ne vous gênez pas pour ajouter ou enlever un ingrédient, selon vos goûts et votre inspiration. C'est la beauté de ce plat magnifique. Ça et le fait qu'il est encore meilleur réchauffé et vous permet donc d'accueillir votre smala en toute tranquillité.

**Pour une demi-douzaine de gourmands en manque d'exotisme, vous aurez besoin de :**

¼ tasse d'huile d'olive

4 gousses d'ail, hachées finement

1 gros oignon espagnol, haché

½ tasse de coriandre fraîche, lavée et hachée

½ c. à soupe de ras el hanout

½ c. à soupe de poudre de cari

½ c. à soupe de sel casher

1,2 kg d'épaule d'agneau (sans l'os), coupée en gros cubes d'environ 3 cm de côté

¼ tasse de miel

1 bonne tasse d'olives kalamata

6 citrons confits, coupés en deux (Si vous en trouvez. Mais cherchez-en. C'est une chose extraordinaire.)

1 tasse d'amandes sans la peau

⋆ Dans un grand bol, mélangez l'huile, l'ail, l'oignon, la coriandre, la poudre de cari, le ras el hanout et le sel. (Si vous n'avez pas de ras el hanout, ce fantastique mélange d'épices nord-africain, combinez du gingembre moulu avec un peu de cannelle, de clous de girofle en poudre et de curcuma.) Vous devriez obtenir une pâte plutôt épaisse. Mettez-y l'agneau et faites mariner au moins 4 heures.

⋆ Au moment d'entamer la cuisson, placez l'agneau dans une cocotte à fond épais et couvrez-le d'eau froide. Faites mijoter, en prenant soin de ne jamais faire bouillir, durant 1 ½ heure.

⋆ Au bout de 30 minutes, ajoutez le miel, les olives et les citrons confits.

⋆ Pendant ce temps, faites dorer les amandes dans un poêlon sec. Ajoutez-les à l'agneau et poursuivez la cuisson jusqu'à ce que toutes les saveurs soient glorieusement entremêlées.

⋆ Servez sur un couscous légèrement parfumé à l'eau de fleur d'oranger.

*À partager – toujours. Un tajine est un plat qui se savoure en équipe.*

# Poulet coquin
# dans sa croûte de sel

Quand il y a le mot « sel » dans une recette, les folles sont contentes. On se dit parfois que certains aliments sont pour nous de simples supports à sel. On en pique dans les petits pots de sel de Guérande, on renverse quelques pincées de sel de table dans les restos pour le ramasser subtilement du bout du doigt, on a une petite passion pour les cristaux de sel rose himalayen ridiculement trop chers, parce qu'ils sont gros et qu'on peut les lécher. Alors des cuisses de poulet à l'ail et au gros sel, c'est un peu du *food porn* pour nous. Et ça le sera aussi pour vos invités, qui seront enchantés par cette recette simple et rapide, qui vous permettra de les recevoir en toute fabulosité.

**Pour six convives heureux,
vous aurez besoin de :**

6 cuisses de poulet
avec le dos et la peau

1 tête d'ail

au moins 1 tasse
de gros sel de mer

6 branches de romarin

1/2 tasse de bouillon de poulet

⋆ Préchauffez le four à 425 °F (215 °C).

⋆ Avec vos doigts, décollez délicatement la peau de la chair de chaque cuisse de poulet et glissez-y 3 ou 4 gousses d'ail.

⋆ Faites une croûte de sel sur chaque cuisse avec une généreuse portion de gros sel de mer. (Ne gaspillez pas votre fleur de sel à cette occasion. Mangez-la plutôt par pincées, avec le dessert.)

⋆ Disposez les cuisses, côté peau sur le dessus, dans un plat allant au four, avec les branches de romarin. Versez le bouillon de poulet sur les cuisses et faites cuire environ 50 minutes, en les arrosant à mi-temps pour qu'elles ne sèchent pas.

⋆ Vos invités étant probablement normalement constitués, il est préférable d'enlever la croûte de sel avant de servir. Accompagnez les cuisses de rapinis sautés à l'ail rôti et de patates pilées bien riches, et versez une belle louche de bouillon sur le tout. Offrez de la gomme ou du Scope pour dessert.

# Poulet aux olives
## et surtout à la crème

La mère de Rafaële fait cette recette depuis toujours. Dans la famille, on l'appelle « le poulet aux olives ». Mais c'est surtout un poulet à la crème, et aussi une recette simple et réconfortante qui a fait le tour des amis et des connaissances, avec toujours le même bonheur. Sa mère l'aime parce que, une fois le poulet au four, il lui reste assez de temps pour se préparer et recevoir ses invités avec grâce et panache. On a un peu moins de grâce et certainement beaucoup moins de panache, mais on revient nous aussi sans cesse au poulet « aux olives ».

**Pour six vieux amis que vous aimez encore impressionner, vous aurez besoin de :**

1 poulet bio d'environ 2 kg (Nous ne sommes pas des ayatollahs du bio, mais... achetez du poulet bio.)

1 gousse d'ail

1 c. à soupe de beurre

3 c. à soupe de moutarde de Dijon

1 oignon jaune, coupé en rondelles

sel, poivre et herbes de Provence

1 pot d'olives farcies au piment (Ne faites pas dans la dentelle ici et allez-y avec un pot d'olives du supermarché, du genre de celles que votre grand-mère servait dans des petits bols quand il y avait de la visite.)

2 tasses de bouillon de poulet ou de vermouth

1 tasse de crème 35 % ou de crème 15 % « champêtre »

✷ Préchauffez le four à 400° (210 ˚C).

✷ Épongez bien votre poulet et mettez-le dans un plat allant au four.

✷ Coupez votre gousse d'ail en deux et frottez l'intérieur et l'extérieur du poulet avec. Mettez-la ensuite dans la cavité du poulet.

✷ Dans une petite assiette, mélangez avec une fourchette le beurre et la moutarde, et enrobez votre poulet de ce mélange.

✷ Disposez les rondelles d'oignon sur le poulet. Salez, poivrez et saupoudrez d'herbes de Provence.

✷ Remplissez la cavité du poulet avec les olives. Disposez autour celles qui restent. Versez le bouillon ou le vermouth dans le fond du plat.

* Enfournez et faites cuire durant environ 1 heure, ou jusqu'à ce que les cuisses se détachent facilement. (Un truc pour savoir si un poulet est cuit : piquez-le avec une fourchette. Si le jus qui en sort est clair, vous êtes en *business*.)

* Sortez le plat du four. Versez la crème sur le poulet.

* Sortez les olives de la cavité et mélangez-les avec la crème et le bouillon.

* Découpez votre poulet. Servez avec du riz pour absorber la sauce, peut-être un légume vert pour se donner bonne conscience et beaucoup, beaucoup de sauce.

*À partager avec ces amis qui sont devenus votre deuxième famille.*

Sauvetage d'une chum en peine d'amour

*Il est parti.* On ne comprend rien. On a fait une poupée vaudou à son effigie. On le hait collectivement. Entre deux (ou douze) *drinks* pour noyer la peine de notre amie, faudrait quand même la nourrir. Pour notre part, la peine d'amour nous donne envie de lécher du sel et de boire des pintes de gras, mais paraît que vous réclamez plutôt des *buckets* de crème glacée et du chocolat. On a sondé les goûts de nos amies à la dent sucrée, sorti nos toques de pâtissières et concocté pour vous quelques recettes pleines de sucre... mais quand même bien grasses.

# Mignonne crème d'avocat

De l'avocat pour dessert ? Oh que oui. Si vous êtes latino-américain ou si vous avez vos habitudes dans un resto mexicain, vous connaissez sans doute. Sinon, ne reculez pas devant cette idée géniale : les avocats sont pas mal ce qui se fait de plus sexy dans le royaume végétal. Ils sont bons, ils sont beaux et ils sont beaucoup trop cochons pour être confinés au rôle de faire-valoir dans des salades. Et ils vous permettront de vous faire accroire qu'entre deux *shooters* de vodka et un seau de crème glacée au chocolat, vous avez fourni à votre amie en détresse sa portion de légumes. À noter que vous devez faire cette recette juste avant de la servir, sinon les avocats risquent de noircir.

**Pour une folle en peine d'amour et sa soignante, vous aurez besoin de :**

1 avocat bien mûr

⅓ boîte de lait condensé

le jus d'une demi-lime

✩ Mettez la chair de l'avocat, le lait condensé et le jus de lime dans le contenant du robot et mélangez bien jusqu'à ce que la mixture ait la consistance d'une crème épaisse et séduisante.

✩ Servez dans des verrines. En miniportions. C'est très TRÈS intense.

*À déguster en pleurant sur le sort des femmes délaissées partout dans le monde et en chantant à tue-tête « Ay, ay, ay, ay, canta y no llores... ».*

# Chic gâteau à l'orange

Si nous étions d'un exquis raffinement, nous vous dirions que ce gâteau juste assez sucré et délicatement parfumé à l'orange est tout indiqué pour le thé de cinq heures, et qu'il accompagne élégamment une réconfortante tasse de Earl Grey. C'est vrai. Mais notre raffinement est plutôt relatif et votre amie en détresse risque de vous insulter copieusement si vous lui proposez une « o**** de c****** » de tasse de thé. Servez-lui donc une puissante vodka jus d'orange et préparez-lui ce petit gâteau archisimple, réconfortant comme un câlin de maman.

**Pour une amie qui pleure dans sa vodka jus d'orange et son équipe de soutien moral, vous aurez besoin des ingrédients suivants.**

### Pour le gâteau

1 tasse de farine

1 c. à thé de poudre à pâte

1 pincée de sel

2 œufs

½ tasse de sucre

le jus et le zeste d'une orange

¼ tasse de beurre fondu

### Pour le glaçage

le jus de 2 oranges (environ ½ tasse)

¼ tasse de sucre glace

*À grignoter avec le petit doigt en l'air, en se répétant que c'est pas parce qu'on braille dans son drink qu'on n'a pas de classe.*

★ Beurrez et farinez un moule à gâteau régulier de 8 po de diamètre (un coup mal prise, vous pouvez même préparer le gâteau à l'orange dans un moule à tarte en aluminium).

★ Allumez le four à 350 °F (180 °C).

★ Dans un petit bol, mélangez la farine, la poudre à pâte et le sel avec une fourchette.

★ Dans un grand bol cette fois, fouettez ensemble les œufs et le sucre jusqu'à ce que le mélange pâlisse un peu. Ajoutez le jus et le zeste d'orange et fouettez de nouveau.

★ Incorporez les ingrédients secs et fouettez derechef. Vous obtiendrez une pâte épaisse. Ajoutez le beurre fondu et re-fouettez jusqu'à ce que la pâte soit lisse.

★ Versez la pâte dans le moule et faites cuire au four de 25 à 30 minutes, jusqu'à ce que le gâteau soit à peine doré et que le fameux cure-dent inséré au centre en ressorte propre.

### Pour le glaçage

★ Mélangez les ingrédients dans une petite poêle et faites réduire sur le rond, à feu doux.

★ Lorsque le liquide est sirupeux et qu'il peut couvrir le dos d'une cuillère, versez-le sur votre gâteau refroidi.

★ Laissez reposer environ 15 minutes, puis servez.

# Gâteaux cochons
## au chocolat et à la grappa

On ne vous fera pas croire qu'on repousse ici les limites de l'originalité en vous offrant une recette de petits gâteaux fondants au chocolat. Les petits gâteaux fondants au chocolat doivent se retrouver dans le *Coup de pouce* un mois sur deux. Mais c'est pour une bonne raison : ils sont on ne peut plus faciles à faire et ils arrivent à être à la fois parfaitement chics et totalement décadents. Ils attisent les ardeurs des amants, réveillent les palais les plus blasés et enrobent doucement les cœurs brisés. L'idée d'ajouter un peu de grappa au chocolat nous vient du resto Primo & Secondo, situé dans la Petite Italie, à Montréal. La grappa au chocolat se trouve (ou se commande) à la SAQ. Vous pouvez la remplacer par la liqueur de votre choix ou par un petit coulis de framboises fraîches.

**Pour une folle éplorée et ses trois amies qui veulent deux gâteaux chacune, vous aurez besoin de :**

4 œufs

½ tasse de farine

½ tasse de beurre non salé

¾ tasse de chocolat mi-amer, haché ou en pastilles

cacao

2 c. à soupe de grappa au chocolat par personne

* Dans un bol, battez les œufs et le sucre avec un batteur électrique jusqu'à ce que le mélange devienne plus clair, soit environ 3 minutes. Saupoudrez la farine sur les œufs blanchis et mélangez encore 1 minute à basse vitesse.

* Faites fondre le beurre et le chocolat dans un bol de métal placé sur une casserole d'eau chaude. (Non, vous ne pouvez pas les faire fondre dans une casserole posée directement sur le rond. Le chocolat brûlerait et ça risquerait de redoubler les pleurs de votre amie.)

* Versez le beurre et le chocolat fondus dans le mélange d'œufs, de sucre et de farine et mélangez à vitesse moyenne pendant environ 2 minutes.

* Réfrigérez au moins 4 heures, durant lesquelles vous tiendrez la main de votre amie en étant d'accord avec tout ce qu'elle dit.

* Au bout de 4 heures, préchauffez le four à 425 °F (215 °C), puis beurrez huit petits ramequins et saupoudrez-les d'un mélange de cacao et de farine.

★ Mettez 4 c. à soupe de mélange dans chaque rame-
quin. Placez les ramequins sur une tôle à biscuits et
faites-les cuire au four PAS PLUS DE 7 MINUTES.
Vous voulez des gâteaux fondants. Sortez-les dès
que le tour est cuit.

★ Démoulez doucement les gâteaux dans huit petites
assiettes en passant la lame d'un couteau sur leur
pourtour.

★ Lorsque les gâteaux démoulés seront sous le nez de
vos amies, faites une petite incision au centre avec
une cuillère et versez-y 1 ou 2 c. à soupe de grappa
au chocolat. Dégustez en silence, les yeux fermés,
en vous disant que oui, tout ira bien, tout ira pour
le mieux.

# Gâteau aux canneberges « Promesse d'overdose de gras et de sucre »

La recette vient de Doris Hogan, la belle-mère de Rafaële. Selon elle, seuls la crème et le beurre de la crémerie de La Baie sont dignes d'entrer dans la composition de la sauce. Honnêtement, elle a raison. Mais si, comme nous, vous habitez à un petit 500 km de La Baie, tournez les coins ronds et faites-vous la promesse de goûter un jour à ce beurre et à cette crème de FEU. Et si vous êtes de La Baie, faites-nous plaisir et prenez une petite gorgée de crème à notre santé...

**Pour un gâteau qui se divisera en 1) une portion pour vous et 2) le reste pour votre amie en peine, vous aurez besoin des ingrédients suivants.**

Pour le gâteau

¼ tasse de beurre

1 tasse de sucre

2 tasses de farine

3 c. à thé de poudre à pâte

1 pincée de sel

1 tasse de lait

essence de vanille

1 paquet de canneberges fraîches

Eh non, il n'y a pas d'œufs !

Pour la sauce

½ tasse de beurre

1 tasse de sucre

1 ½ tasse de crème

★ Allumez le four à 350 °F (180 °C).

★ Fouettez bien le beurre et le sucre jusqu'à ce que la consistance devienne plus légère.

★ Tamisez ensemble les ingrédients secs et incorporez au mélange de beurre et de sucre.

★ Ajoutez le lait et quelques gouttes de vanille, puis les canneberges, et mélangez bien.

★ Versez dans un moule rond et enfournez jusqu'à ce qu'un cure-dent inséré dans la pâte en ressorte propre, soit environ 35 minutes.

★ Pour la sauce, faites chauffer bien doucement les ingrédients mélangés dans une petite casserole. Retenez-vous de boire la sauce toute seule, ça manquerait de classe et de compassion. Et puis une fois la sauce versée sur le gâteau, sa généreuse richesse viendra compléter avec tellement de grâce la petite pointe acidulée des canneberges que vous vous demanderez comment vous avez pu penser vous interposer entre elles.

★ Par contre, si votre amie déclare qu'elle veut boire la sauce avec une *shot* de vodka, obtempérez. C'est votre rôle pour ce soir.

# Gâteau magique au chocolat et à la cardamome

La cardamome, cette petite gousse verte débordante de saveur qui domine entre autres dans le thé chai, est une de nos passions. À tel point que nous nous sommes dit qu'elle réussirait peut-être même à nous faire raffoler d'un dessert. On a donc sorti notre balance, nos moules à charnière et nos idées… Quand Rafaële a pensé à finir le tout avec un glaçage au poivre de Cayenne, on a compris qu'on avait découvert un dessert parfait pour nous. Nos amis et nos proches de tous âges en redemandent. C'est un gâteau magique.

**Pour une folle au cœur qui saigne et ses quatre ou cinq aidantes naturelles, vous aurez besoin des ingrédients suivants.**

Pour le gâteau

10 gousses de cardamome

½ tasse d'eau bouillante

35 g de cacao (ou ½ tasse qui ne déborde pas du tout)

2 gros œufs, jaunes et blancs séparés

125 g de sucre

175 g de farine (ou une tasse qui déborde – mais si possible, pesez vos ingrédients secs)

1 c. à thé de poudre à pâte

100 ml d'huile végétale

Pour le glaçage

1 tasse de pastilles de chocolat noir pour la cuisson ou de chocolat noir, haché

¼ tasse de beurre non salé

1 c. à soupe de lait

1 c. à soupe de miel

1 c. à thé de poivre de Cayenne

Pour le gâteau

⋆ Allumez le four à 350 °F (180 °C).

⋆ Dans un mortier, pilez vos gousses de cardamome pour en extraire les graines. (Vous pouvez aussi le faire entre vos doigts, mais c'est plus laborieux. D'une manière ou d'une autre, ça en vaut la peine.)

⋆ Mettez la cardamome dans un grand bol. Versez l'eau bouillante, puis ajoutez le cacao. Fouettez vivement et mettez le tout au réfrigérateur.

⋆ Pendant ce temps, avec un mélangeur électrique, mélangez dans un petit bol les jaunes d'œufs et le sucre, à puissance moyenne, durant 3 à 4 minutes, jusqu'à ce que le mélange pâlisse.

⋆ Sortez votre mélange choco-cardamome du réfrigérateur. Il faut qu'il ait eu le temps de tiédir un peu. Incorporez le mélange d'œufs et de sucre.

⋆ Dans un autre bol, mélangez à la fourchette la farine et la poudre à pâte, puis incorporez le tout au mélange choco-cardamome-jaunes-sucre. Ajoutez l'huile et mélangez à puissance moyenne pour encore 3 à 4 minutes.

⋆ Dans un AUTRE bol (oui, ça en fait beaucoup, mais vous verrez, vous serez payée en retour), montez les blancs d'œufs en neige jusqu'à l'obtention de pics mous.

*Suite* →

# Gâteau magique au chocolat et à la cardamome (suite)

⋆ Incorporez les blancs d'œufs à la pâte TRÈS doucement. Il faut y aller en trois ou quatre coups, en dépo-
sant les blancs d'œufs sur la pâte puis en repliant
celle-ci sur eux avec une spatule en caoutchouc
(Jessica appelle cet ustensile une maryse. *Who the
f\*\*\* is Maryse ?*) de manière répétitive jusqu'à ce que
le mélange soit homogène. TRÈS doucement. L'idée
est de ne pas faire « tomber » les blancs d'œufs.

⋆ Versez votre mélange dans un moule à charnière de
6 po de diamètre préalablement beurré.

⋆ Mettez au four et cuisez environ 35 minutes, ou
jusqu'à ce que le fameux cure-dent ressorte propre
du centre du gâteau.

⋆ Démoulez le gâteau et laissez-le refroidir sur une
grille.

Pour le glaçage

⋆ Faites fondre le chocolat avec le beurre dans une
petite poêle à feu très doux. Dès que le chocolat aura
fondu, retirez-le du feu. Si ça bout, vous êtes faite.

⋆ Incorporez les autres ingrédients au chocolat en
fouettant avec un mignon petit fouet, ou alors avec
une fourchette.

⋆ Versez ce réjouissant glaçage sur votre gâteau.

*À présenter à votre amie en peine sur une
belle assiette, avec de belles serviettes roses et
de beaux sourires, pour que pendant quelques
minutes tout soit un petit peu beau autour d'elle.*

*One of the boys*

*C'est bien connu,* toute folle qui se respecte aime à croire qu'elle a un côté gars, ce qui la rend selon elle à la fois sexy et infiniment cool. Après une série d'interminables soupers thérapeutiques avec votre gang de folles qui tiennent absolument à « aller au fond du sujet », une soirée d'onomatopées, de *high-fives* et de rots de bière s'avère des plus libératrices. Voici quelques recettes à partager avec vos adorables amis de gars qui n'ont aucune envie d'entendre parler de vos états d'âme mais sauront vous réchauffer le cœur et vous *booster* l'ego.

# Guacamou

Le guacamou, comme son nom l'indique, c'est un guacamole qui n'est pas vraiment un guacamole (qui plus est, dites « guacamou » une seule fois et vous verrez, vous ne serez plus jamais capable d'appeler ce plat par son vrai nom). Notre version contient du pesto et de la mayo. Oui, c'est une hérésie. Et oui, c'est fabuleux.

**Pour un viril troupeau, vous aurez besoin de :**

2 avocats

le jus d'une lime

2 échalotes, hachées finement

1 grosse tomate, épépinée et coupée en petits dés

¼ tasse de feuilles de coriandre fraîches, hachées grossièrement

1 c. à thé de pesto

1 c. à thé de mayonnaise

sel

tabasco

☆ Coupez vos avocats en deux, enlevez les noyaux et extrayez-en la chair.

☆ Dans un petit bol, écrasez la chair d'avocat avec une fourchette.

☆ Incorporez le jus de lime, les échalotes, la tomate et la coriandre.

☆ Terminez avec panache, en ajoutant le pesto et la mayonnaise, puis 5 ou 6 gouttes de tabasco.

☆ Mélangez vigoureusement, salez un peu, goûtez puis ajoutez deux fois plus de sel et de tabasco si vous êtes comme nous.

*À offrir en apéro, avec des nachos et...*
*a-t-on besoin de vous le dire ?*
*De la margarita.*

# Sauce ranch *homemade*

Votre joyeux groupe d'hommes adorés vient de débarquer et ils réclament DÉJÀ quelque chose à manger. Comme vous connaissez vos *boys* par cœur, vous avez prévu le coup : un gros sac de chips (qu'on espère natures, ou encore au sel de mer – la chip est un bon domaine où exercer son snobisme) attend déjà sur le comptoir. Ne le laissez pas tout seul, il ferait trop pitié. Offrez-lui la compagnie d'une sauce ranch faite maison.

**Pour une gang de *boys* affamés, vous aurez besoin de :**

1 botte de coriandre
(environ 250 g avec les tiges)

1 botte d'aneth (même chose)

125 ml de crème sure

1 c. à thé de fleur d'ail
(ou encore une petite gousse
d'ail, hachée très finement)

sel et poivre

★ Lavez et essorez vos herbes fraîches – vos *boys* ont beau être rustiques et virils, ils n'ont pas pour autant envie de manger du sable.

★ Passez au robot la coriandre, puis l'aneth. Pas trop. On ne veut surtout pas que ça soit de la « bouette ».

★ Dans un grand bol, versez la crème sure. Ajoutez la fleur d'ail ou la gousse d'ail hachée.

★ Ajoutez les herbes fraîches et mélangez virilement.

★ Salez et poivrez comme un seul homme.

*À servir avec de la bière fraîche et quelques blagues bien grasses.*

# Bison de la chasseresse

On pourrait difficilement imaginer recette plus virile : le goût du bleu, fort et puissant, vient relever la riche saveur des steaks de bison, servis presque saignants. Vos hommes pourront se donner de grandes claques dans le dos, converser par onomatopées et faire descendre leurs protéines à grands coups de rouge qui tache. Vous pourrez faire exactement la même chose. Le moment est venu de partager vos plus belles histoires de chasse.

**Pour une folle et ses cinq chasseurs, vous aurez besoin de :**

6 steaks de filet mignon de bison de 200 g et d'environ 3 cm d'épaisseur chacun (Vous en trouverez chez n'importe quel bon boucher ou en paquets de deux, sous vide, dans la section de votre supermarché où ils mettent les viandes *fancy*, comme les magrets de canard et le lapin. Vous pouvez évidemment les remplacer par des filets mignons de bœuf, mais la virile chasseresse que vous êtes ne devrait pas avoir peur d'un petit bison de rien du tout.)

300 g de fromage bleu (On aime beaucoup le Saint-Agur.)

1 c. à soupe de beurre

un peu de sel casher

* Sortez vos steaks de bison du réfrigérateur un peu avant de commencer pour qu'ils ne soient pas trop froids lorsque vous les mettrez dans la poêle.

* Allumez le four à 400 °F (210 °C).

* Coupez votre fromage en 6 tranches. S'il a tendance à se défaire, ne vous en faites pas : les tranches n'ont absolument pas besoin d'être parfaites.

* Si votre mère a eu la bonne idée de vous donner un jour sa vieille poêle en fonte, sortez-la. Sinon, n'importe quelle poêle à fond épais fera l'affaire. Mettez-la sur le rond, à feu vif, et ajoutez le beurre.

* Salez très légèrement chaque côté de vos steaks. Pour une fois, on vous suggère d'y aller mollo avec le sel : le fromage va se charger de faire le reste du chemin.

* Lorsque le beurre commence à mousser (mais pas à fumer – si c'est le cas, on ne veut pas être *dull*, mais il faut reprendre du début), déposez vos steaks. Faites-les cuire de chaque côté durant 1 à 2 minutes, jusqu'à ce qu'ils aient développé une belle croûte savoureuse.

*Suite* →

# Bison de la chasseresse (suite)

★ Transférez vos steaks sur une plaque allant au four.

★ Mettez sur chacun une tranche de fromage (ou l'équi-valent en morceaux) et enfournez. Faites cuire entre 7 et 10 minutes, selon la cuisson désirée. (Sachez toutefois qu'une vraie chasseresse mange son bison médium-saignant.)

★ Servez dans des assiettes bien chaudes, avec de la purée de chou-fleur et de céleri-rave (voir recette page 150).

★ Les steaks sont encore meilleurs sur le barbecue. Faites-les d'abord griller 1 minute de chaque côté en mode de cuisson indirecte. Ajoutez ensuite le fromage, baissez le feu au minimum, fermez le cou-vercle du barbecue et poursuivez la cuisson durant 5 à 6 minutes.

*À dévorer avec appétit, en se léchant les babines et en exagérant systématiquement chacun de nos exploits.*

# Calmars contents
# d'être farcis

On a promis à notre éditeur qu'on ne ferait pas de jeux de mots crétins avec « farcir » et « saucisses ». On peut par contre vous dire que ce plat est un mariage réussi entre la délicatesse du calmar et la robustesse de la chair de saucisse, entre les graines de fenouil de la farce et la coriandre du concassé de tomates. Une cuisson sur le barbecue est ce qu'il y a de mieux pour vos calmars farcis (et pour votre *street cred*), mais sinon, une poêle bien chaude et un four suffiront amplement.

**Pour une folle et ses cinq garçons contents de faire des jeux de mots crétins, vous aurez besoin des ingrédients suivants.**

### Pour les calmars

4 saucisses au fenouil
(Si vous n'en trouvez pas près de chez vous, vous pouvez leur substituer 4 saucisses italiennes douces ; vous aurez alors besoin de 1 c. à soupe de graines de fenouil.)

2 jaunes d'œufs

12 « tubes » de calmar bien nettoyés, sans les tentacules

1 c. à soupe d'huile d'olive

sel et poivre

### Pour la « tite » salsa

2 grosses tomates roses

2 petites gousses d'ail, hachées finement

2 c. à soupe de coriandre fraîche, hachée

½ c. à thé de sel casher

### Pour les calmars

✴ Faites d'abord tremper des cure-dents dans un petit bol d'eau. Cela les empêchera de brûler durant la cuisson.

✴ Pratiquez une légère incision le long du côté de chacune de vos saucisses, puis retirez-en la chair. Vous pouvez jeter l'enveloppe.

✴ Mettez la chair des saucisses dans un petit bol (si vous travaillez avec des saucisses italiennes, ajoutez ici le fenouil). Incorporez les deux jaunes d'œufs et mélangez bien.

✴ Fourrez ensuite chaque tube de calmar avec le mélange de chair de saucisse. Allez-y avec vos doigts, vous n'avez pas le choix. Faites attention à ce qu'il y en ait jusqu'au fond. Lorsque vous aurez terminé, fermez l'ouverture des tubes de calmar en passant un cure-dent au travers.

✴ Badigeonnez vos calmars d'un peu d'huile d'olive.

✴ Faites cuire les calmars sur le BBQ en mode de cuisson indirecte à feu moyen, en les retournant au moins une fois, durant 12 minutes ou jusqu'à ce que la chair de saucisse soit cuite. Vous pouvez aussi les faire d'abord griller dans une poêle bien chaude pendant 3 minutes de chaque côté, puis les mettre au four à 400 °F (210 °C) pendant environ 10 minutes.

*Suite →*

# Calmars contents d'être farcis (suite)

**Pour la « tite » salsa**

⋆ Coupez les tomates en deux dans le sens horizontal, épépinez-les et coupez la chair en petits dés.

⋆ Mélangez le concassé de tomates, l'ail et la coriandre. Ajoutez le sel à la toute dernière minute pour ne pas trop faire dégorger vos tomates.

⋆ Servez sur les calmars.

*À partager avec vos valets de cœur, en vous moquant bien haut de ceux et celles qui ne croient pas à l'amitié entre hommes et femmes.*

# Ailes de poulet
# de Maman Vu

Si nos artères nous le permettaient, nous mangerions les ailes de poulet de Maman Vu matin, midi et soir. Tous les amis de son fils se souviennent de la première fois qu'ils ont mordu dans une de ces ailes juteuses, intensément savoureuses et dangereusement irrésistibles. Servez-les à votre gang de *boys* et regardez-les se battre pour la dernière... que vous leur subtiliserez subtilement pendant qu'ils se chamaillent.

**Pour une folle amatrice de friture et ses *boys* gourmands, vous aurez besoin de :**

100 g d'échalotes déshydratées (Offertes dans les épiceries asiatiques. À ne pas confondre avec les pots d'oignons frits. Maman Vu ne vous le pardonnerait pas.)

huile végétale pour la friture

3 douzaines d'ailes de poulet

½ tasse de sucre

½ tasse de sauce de poisson

★ Dans une grande poêle, faites revenir à feu moyen-élevé les échalotes déshydratées dans 1 c. à soupe d'huile végétale, jusqu'à ce qu'elles soient bien dorées.

★ Épongez vos ailes de poulet le mieux possible. Si vous possédez une friteuse, faites-les frire selon les indications fournies avec la machine. Sinon, faites chauffer dans un chaudron à fond épais assez d'huile pour faire frire vos ailes douzaine par douzaine. Votre huile devrait avoir une température d'environ 375 °F (190 °C).

★ Sortez les ailes de l'huile et placez-les dans une assiette recouverte d'essuie-tout.

★ Dans un grand bol, mélangez avec un petit fouet le sucre et la sauce de poisson. Ajoutez les ailes frites, puis les échalotes déshydratées frites, et mélangez bien.

★ Faites revenir les ailes dans un wok ou une grande poêle quelques minutes à peine, le temps de les réchauffer. Servez sur des essuie-tout, avec de la bière fraîche.

*À manger avec les doigts, les lèvres luisantes, les yeux brillants et le cœur heureux.*

# *Ribs* rhum & coke

Oui, on le sait, l'expression correcte française est « côtes levées ». Mais ça goûte juste pas pareil. Quand je te dis « passe-moi les *ribs* », passe-moi pas les côtes levées. Parce que des *ribs*, c'est des *ribs*.

La recette suivante est le fruit d'une collaboration entre les deux folles et trois mâles que nous saluons bien bas : Benjamin, Guillaume et l'autre Guillaume. Elle a été concoctée sur un barbecue un soir de grande joie et d'intenses libations au chalet. Nous avions du rhum et du coke sous la main (et dans le gosier), et le mélange nous semblait tout indiqué pour faire honneur à de belles *ribs* bien juteuses... Nous la refaisons depuis régulièrement (elle est tout aussi bonne au four) pour retrouver un peu de cette soirée parfaite et parce que « bon à s'en lécher les doigts » prend ici tout son sens.

**Pour deux folles et leur gang de *boys*, vous aurez besoin des ingrédients suivants.**

Pour les ribs

assez de *ribs* pour combler l'appétit de vos ogres chéris

2 l de Coke, un pour la cuisson et l'autre pour les *drinks* des cuisinières !

Pour la sauce

1 tasse de rhum

2 tasses de ketchup

¼ tasse de vinaigre de vin à la framboise

¼ tasse de sauce Worcestershire

¼ tasse de cassonade

2 c. à soupe de mélasse

2 c. à soupe de moutarde de Dijon

2 c. à thé de hickory

1 c. à thé de poivre

✭ Enlevez le film de gras qui couvre les *ribs*. Si vous vous y prenez bien, ça se fait d'un seul coup, dans un grand geste viril.

✭ Faites mijoter les *ribs* dans 1 l de Coke et 1 l d'eau pendant 40 minutes, en écumant régulièrement.

✭ Pendant que les *ribs* mijotent, préparez la sauce en mélangeant dans une casserole tous les ingrédients, que vous ferez mijoter pendant 40 minutes.

✭ Préchauffez le four à 350 °F (180 °C).

✭ Sortez les *ribs* du Coke et déposez-les sur une plaque allant au four. Badigeonnez-les généreusement de chaque côté avec la sauce (il en restera, vous la réserverez judicieusement pour le service). Couvrez de papier d'aluminium et faites cuire au four 1 heure.

✭ Si c'est l'été, vous pouvez faire cuire les *ribs* 45 minutes au four et terminer la cuisson sur le barbecue, et ainsi vous la jouer *one of the boys* en gérant virilement votre *charcoal*. Vous pouvez même flamber le tout au rhum, mais seulement si vous êtes sérieusement en contrôle, l'arrivée des pompiers étant susceptible de ruiner votre soirée.

*À servir sur une grande table surchargée, avec plusieurs rouleaux d'essuie-tout, en hurlant des chansons paillardes. Interdiction formelle de manger autrement qu'avec les doigts.*

# *Gentleman* magret

Oh, la glorieuse simplicité d'un beau magret juste assez cuit... Le rouge de la viande encore saignante, le blanc opalescent du gras, la saveur du porto cuit et des jus du magret se mélangeant... Vos hommes (et vos papilles) ne sauront résister. Le porto est un amant naturel du magret, et on vous propose ici une sauce on ne peut plus simple. Si vous avez sous la main des oranges, des bleuets ou des framboises fraîches, vous pouvez les ajouter, ainsi que leur jus ou coulis. Soyez créative. Tant que vous faites attention à la cuisson, le tour est joué.

**Pour une folle et ses cinq chevaliers, vous aurez besoin des ingrédients suivants.**

### Pour les magrets

3 magrets de canard
d'environ 400 g chacun

sel et poivre

3 branches de romarin

1 tasse d'huile d'olive
(pour la marinade)

### Pour la sauce

gras de cuisson des magrets

3 échalotes, hachées finement

2 c. à soupe de farine

1 tasse de porto

1/2 tasse de demi-glace
(On en trouve en paquets
dans tous les supermarchés,
généralement pas loin
des magrets!)

sel et poivre

fruits au goût (facultatif)

* Quelques heures avant l'arrivée des *boys*, sortez vos magrets et placez-les devant vous, côté gras sur le dessus. Prenez votre plus viril couteau et faites de longues incisions en damier dans le gras du canard. Visez environ 1/2 cm de profondeur : vous ne voulez pas couper jusqu'à la viande.

* Frottez chaque côté des magrets de sel et de poivre. Déposez-les ensuite avec les branches de romarin dans un contenant où ils seront bien à l'étroit. Couvrez-les d'huile d'olive et réfrigérez durant au moins 2 heures.

* À l'arrivée de la visite, allumez votre four à 425 °F (215 °C). Sortez vos magrets du frigo et épongez-les rapidement, puis déposez-les, côté gras dessous, dans une poêle bien chaude. Lorsque le gras aura pris une belle coloration caramel, au bout de 3 à 4 minutes, tournez les magrets côté chair et faites-les saisir pendant encore 2 minutes.

* Transférez les magrets sur une plaque allant au four, sans jeter le gras accumulé dans la poêle, et enfournez. Faites cuire de 10 à 12 minutes. (On vous conseille vivement de surveiller la cuisson sur un « magret-témoin » : un magret trop cuit est une grande perte pour l'humanité gourmande.)

* Pendant que les magrets sont au four, remettez la poêle ayant servi à la cuisson sur le rond à feu doux et faites revenir les échalotes dans le gras réservé jusqu'à ce qu'elles deviennent translucides.

✳ Saupoudrez les échalotes de farine et mélangez durant 1 minute.

✳ Versez ¼ de tasse de porto sur les échalotes farinées et mélangez. Le tout devrait épaissir rapidement. Ajoutez alors le reste du porto, tout en fouettant constamment. Lorsque le mélange aura épaissi de nouveau, incorporez progressivement le demi-glace. « Rectifiez l'assaisonnement », comme on dit, et laissez mijoter très doucement. C'est le moment d'ajouter les fruits si vous en avez.

✳ Sortez les magrets du four. S'ils sont bien beaux, juste assez cuits mais encore presque saignants, couvrez-les de papier d'aluminium et laissez reposer quelques minutes.

✳ Coupez les magrets en tranches d'environ ½ cm. Servez dans une assiette chaude, avec une purée de pommes de terre et des asperges *al dente* ou des cœurs d'artichaut rôtis.

*À offrir à vos papilles affriolées dans le cocon chaleureux que tisse autour de vous l'amitié de vos hommes, en savourant chaque bouchée et chaque regard échangé.*

# Gigot d'agneau
# de l'ami Richard

Un autre triomphe culinaire qui nous vient de la famille Vu. C'est notre ami Richard, cette fois, qui nous a fait découvrir cette recette absolument succulente, qu'on la prépare au four ou sur le barbecue. Le charmant gigot de Richard ne demande que deux choses pour se transformer en délice : ne pas être trop cuit, et provenir d'une petite bête heureuse. Loin de nous l'idée de sombrer dans l'enfer de la rectitude politique, mais on ne saurait trop vous encourager à trouver un fournisseur d'agneau près de chez vous. Faites de la place dans votre congélo et achetez la bête en entier. Croyez-en Jessica, pour qui un bon *deal* est toujours source de joie : c'est extrêmement économique. Et vous aurez pendant des semaines de l'agneau élevé ici, et peut-être même bio. Qui dit mieux ?

## Pour un troupeau de joyeux drilles, vous aurez besoin de :

¹/₃ tasse de sauce hoisin

3 c. à soupe de vinaigre de riz

2 c. à soupe de sauce soya

1 c. à soupe de miel

2 c. à soupe d'ail, émincé

¹/₂ c. thé de sel casher

1 gigot d'agneau avec l'os d'environ 6 lb

* Dans un petit bol, mélangez la sauce hoisin, le vinaigre de riz, la sauce soya, le miel, l'ail et le sel.

* Mettez votre gigot dans un grand sac Ziploc et versez-y la marinade. Fermez le sac et frottez de manière à ce que le gigot soit bien enrobé. Si vous n'avez pas de sac Ziploc, vous pouvez vous servir de n'importe quel sac de plastique. C'est moins *clean*, mais ça fait le travail.

* Mettez le gigot au réfrigérateur et laissez mariner quelques heures. Sortez-le 30 minutes avant d'entamer la cuisson.

* Pour la cuisson au four : mettez le gigot, sur une plaque, au four préchauffé à 425 °F (215 °C). Gardez l'excédent de marinade pour l'arroser durant la cuisson. Au bout de 10 minutes, baissez la température à 375 °F (190 °C).

* Poursuivez la cuisson durant 15 minutes, retournez le gigot, badigeonnez avec le reste de la marinade et faites cuire un dernier 15 minutes.

* Observez le même principe pour la cuisson au barbecue, en travaillant en mode de cuisson indirecte.

* Sortez votre gigot du four (ou du barbecue), emballez-le dans une feuille de papier d'aluminium et laissez-le reposer durant 25 minutes.

* Pendant ce temps, faites mijoter ce qui reste de la marinade pour qu'elle épaississe légèrement. Vous en napperez les tranches d'agneau au moment du service.

* À découper virilement, à l'aide d'un bon couteau, devant votre audience ébahie. Vous pouvez aussi vous contenter de tendre le gigot cuit à l'un de vos *boys* avec un air entendu : un homme est physiologiquement incapable d'avouer qu'il ne sait pas couper un gigot. Il se débrouillera. De toute manière, ce qui importe n'est pas une coupe parfaite, mais les sourires heureux de vos *boys* repus.

# Purées réconfortantes

Une purée, c'est un peu comme l'épaule d'une maman. C'est chaud, c'est rassurant et c'est toujours là au bon moment. Voici nos trois favorites.

## Chou-fleur et céleri-rave

**Pour quatre cœurs à réchauffer, vous aurez besoin de :**

1 céleri-rave

1 chou-fleur

2 c. à soupe de beurre

2 c. à soupe de crème 35 % (ou de crème 15 % « champêtre » si vous vous faites accroire que vous faites attention à votre santé)

1 gousse d'ail

sel

⋆ Mettez sur le feu une grande casserole à moitié remplie d'eau bien salée.

⋆ Pelez le céleri-rave. Coupez-le en cubes, tout comme le chou-fleur.

⋆ Quand l'eau bout, faites cuire les deux légumes ensemble durant 13 minutes. Retirez du feu et égouttez-les bien avant de les remettre dans la casserole.

⋆ Ajoutez le beurre, sortez votre pile-patate et faites travailler vos biceps.

⋆ Une fois les légumes bien écrasés, incorporez la crème et terminez le travail au mixeur électrique. Vous voulez une purée bien lisse et onctueuse.

⋆ Préparez la gousse d'ail, puis passez-la au presse-ail. Mélangez-la à la purée avec une cuillère de bois. Salez généreusement et servez avec une viande bien rouge ou des grillades.

# Courge Butternut et chèvre

**Pour quatre amoureux du fromage de chèvre, vous aurez besoin de :**

1 grosse courge Butternut

huile d'olive

6 gousses d'ail
(4 entières,
2 hachées finement)

chèvre des neiges

sel

★ Allumez le four à 375 °F (190 °C).

★ Coupez votre courge en deux et enlevez les graines et les filaments. Frottez la chair de chaque demi-courge d'huile d'olive, percez des trous avec une fourchette un peu partout et mettez deux gousses d'ail entières dans chaque cavité.

★ Faites cuire au four durant 45 minutes à découvert.

★ Lorsque les demi-courges sont cuites, enlevez la chair et mettez-la dans un grand bol avec les gousses d'ail.

★ Réduisez la courge en purée au mixeur à main, en ajoutant deux gousses d'ail supplémentaires que vous aurez préalablement hachées.

★ Ajoutez le chèvre des neiges en brassant délicatement : on veut qu'il reste des rubans de fromage, pas que le chèvre disparaisse dans la purée. Servez avec de beaux magrets de canard ou encore un poulet rôti.

# Patate douce
# et fromage en crottes

Une idée toute simple qui nous a été donnée par Marguerite, 9 ans.

**Pour quatre petits cuistots en herbe, vous aurez besoin de :**

2 patates sucrées
de taille moyenne

3 gousses d'ail non pelées,
écrasées sous la lame
d'un couteau

6 grains de poivre noir

3 c. à soupe de beurre salé

100 g de fromage en crottes
(Faites-vous plaisir, allez-y
avec du Boivin.)

poivre frais du moulin

★ Pelez vos patates et coupez-les en gros cubes.

★ Portez une grande casserole d'eau bien salée à ébullition. Ajoutez l'ail et les grains de poivre, puis les patates. Faites-les cuire durant environ 10 minutes, ou jusqu'à ce que la lame d'un couteau perce les morceaux sans qu'il y ait de résistance.

★ Égouttez bien les patates. Conservez les gousses d'ail qui étaient dans le liquide de cuisson. Pelez-les et retournez-les à la casserole avec les patates, ajoutez le beurre et pilez-les grossièrement.

★ Ajoutez le fromage en crottes et mélangez à la cuillère, afin que les morceaux de fromage ne se défassent pas. Poivrez allégrement et servez bien chaud, avec un beau rôti aux herbes ou des saucisses de veau grillées sur le barbecue.

*Wannabe chef*

*Parce qu'une ou deux fois par année* vous avez envie de vous la jouer cordon-bleu et de vous faire accroire que vous êtes la réincarnation de Julia Child, on vous présente des recettes aussi délicieuses que splendides, qui promettent d'épater la galerie sans demander de passer huit heures à suer au-dessus du poêle. Pour souligner un anniversaire, la saison du homard ou le simple fait qu'il fait beau dehors... Toutes les excuses sont bonnes pour recevoir en grand et avaler la quantité de gras recommandée annuellement par Santé Canada en une seule soirée inoubliable.

# *Shooters* d'huîtres

« Huîtres », « *shooters* » : deux mots que nous affectionnons particulièrement. Leur rencontre a un petit quelque chose de magique qui permet de ravir une audience gourmande le plus simplement du monde. Nous vous donnons ici nos recettes de *shooters* d'huîtres favorites, tout en vous encourageant à essayer tout ce qui vous passe par la tête, et en vous suppliant de ne jamais dire de cette recette qu'elle est « festive ». On vous en voudrait terriblement, même si c'est vrai.

**Pour une grande tablée qui a le cœur à la fête et le verre à la main, vous aurez besoin de :**

beaucoup d'huîtres

beaucoup de verres à *shooters*

* Distribuez autour de vous les couteaux à huîtres. Installez du papier journal sur le comptoir, servez des verres et ouvrez les huîtres en gang.

* Jetez la première eau des huîtres. Sortez-les de leurs coquilles et mettez une huître dans chaque verre à *shooters*.

* Garnissez chaque verre d'une des combinaisons suivantes :

  · 1 framboise fraîche, ½ c. à thé de vinaigre de framboise, ½ c. à thé de la partie verte d'un oignon vert, finement ciselée

  · ½ c. à thé de vinaigre de riz, ½ c. à thé de gingembre frais, râpé

  · 1 c. à soupe de vodka, 1 c. à thé de zeste de citron

  · 1 c. à soupe de Clamato, 1 c. à thé de coriandre ou de basilic, ciselé, 2 ou 3 gouttes de tabasco

* Les possibilités sont infinies. Le but ultime est de parvenir à réunir plusieurs *shooters* d'huîtres sur un même plateau et de le présenter triomphalement à vos convives éblouis. Mais l'expérience nous a appris que les *shooters* d'huîtres disparaissent à une vitesse folle et sont souvent consommés dans la cuisine, au milieu des éclats de rire et du bruit des verres qui s'entrechoquent.

# Mousse de foie de pintade

Rien de plus élégant qu'une mousse de foie de volaille... et rien de plus simple à préparer. Une règle de base : plus il y a de beurre, plus c'est cochon. On met beaucoup de beurre.

**Pour six distingués convives qui ne le seront plus autant à la fin du repas, vous aurez besoin de :**

2 échalotes grises, finement hachées

¾ tasse de beurre

250 g de foies de pintade blonds (On en trouve entre autres au Prince Noir, au marché Jean-Talon, à Montréal ; cela dit, de beaux foies de poulet feront très bien l'affaire.)

125 ml de porto

sel et poivre

★ Dans une grande poêle bien chaude, faites revenir vos échalotes dans 1 c. à soupe de beurre. Lorsqu'elles seront devenues translucides, ajoutez les foies de volaille et faites revenir durant 5 à 6 minutes, jusqu'à ce qu'ils soient cuits à point (arrêtez la cuisson dès qu'ils ont perdu leur coloration dorée).

★ Déglacez avec le verre de porto et faites cuire encore 1 minute, jusqu'à ce que la moitié du porto se soit évaporée.

★ Transférez les foies de volaille dans le contenant du robot culinaire. Ajoutez ½ tasse de beurre et « blendez » quelques secondes ou jusqu'à ce que le tout ait pris une belle consistance onctueuse. Goûtez et ajoutez la quantité de sel et de poivre qui vous plaît. « Re-blendez » et transférez la mousse dans un petit plat à terrine. Mettez au frigo au moins 2 heures.

★ Au bout de 2 heures, faites fondre les 3 dernières c. à soupe de beurre et versez-en une fine couche sur la mousse. Remettez au réfrigérateur jusqu'à ce que le beurre se solidifie.

★ Servez avec des tranches de baguette bien croustillantes et des petits cornichons.

*À partager lors d'un apéro rempli de promesses.*

# Ceviche de pétoncles
# au pamplemousse rose

Le mot « ceviche » a le dos large : il s'applique maintenant à n'importe quel produit de la mer cuit dans le jus d'un agrume. Bien réussi (et ce n'est pas compliqué), un ceviche est un délice d'une grande fraîcheur, qu'il est toujours de bon ton de servir à ses invités en début de repas, pour leur faire croire que la suite sera aussi saine et délicate. Nous vous proposons notre préféré, un classique des beaux soirs de soupers entre amis.

**Pour quatre amis qui ne vous croient plus quand vous leur dites que vous êtes capable de cuisiner sans beurre, vous aurez besoin de :**

2 pamplemousses roses

12 gros pétoncles

le jus d'environ 2 limes

2 c. à soupe de ciboulette, finement ciselée

fleur de sel

★ Commencez par prélever les « suprêmes » des pamplemousses. (« Suprême » est un mot ridicule pour décrire les quartiers sans la fine membrane amère qui les entoure.) Avec un petit couteau bien aiguisé, c'est tout simple. Commencez par enlever la peau avec le couteau de manière à exposer la chair « à vif », puis défaites les quartiers un à un. Faites cela au-dessus d'un petit bol afin de récupérer le jus de pamplemousse qui coulera durant l'opération. Pressez ensuite la peau pour recueillir ce qui reste du jus dans le bol. Mettez les suprêmes de côté.

★ Coupez vos pétoncles, dans le sens horizontal, en tranches d'environ $1/2$ cm d'épaisseur. Mettez les tranches dans un bol et versez le jus de pamplemousse. Si elles ne sont pas recouvertes de jus, ajoutez la quantité de jus de lime nécessaire. Couvrez et réfrigérez environ 1 heure, pas plus. Vous voulez que les pétoncles aient à peine cuit dans le jus d'agrume, pas qu'ils se soient transformés en rondelles de caoutchouc.

★ Sortez les pétoncles du frigo et égouttez-les, en prenant soin de garder 4 c. à soupe du jus de « cuisson ».

★ Disposez joliment les pétoncles dans de belles assiettes, avec les élégants suprêmes de pamplemousse. Parsemez de ciboulette ciselée et de fleur de sel.

*À présenter sur une belle nappe blanche, encore vierge des joyeuses taches de vin rouge qui viendront plus tard.*

# Croustade de poireaux au bleu

Si certains de vos amis vous disent piteusement qu'ils n'aiment pas le bleu, frappez-les d'abord, puis faites valoir que les poireaux adoucissent bien gentiment la pointe autoritaire et astringente du fromage bleu. Terminez votre diatribe en affirmant que c'est vous le boss : après tout, un *wannabe* chef se doit d'agir comme un chef, et nous nous sommes laissé dire que les grands chefs pouvaient avoir un léger penchant pour le despotisme. De toute manière, les craintes de vos amis se dissiperont devant cette recette élégante et savoureuse, à votre image... ou du moins à l'image que vous projetez dans vos rêveries éveillées.

**Pour six convives joyeux, vous aurez besoin de :**

5 poireaux

huile d'olive

³/₄ tasse de farine

¹/₂ tasse de beurre

³/₄ tasse de fromage bleu de votre choix

250 ml de crème

poivre

2 œufs

* Allumez le four à 400 °F (210 °C).

* Lavez et tranchez les poireaux entiers. Faites-les revenir dans l'huile d'olive pendant environ 20 minutes.

* Beurrez généreusement un plat à tarte.

* Avec vos doigts, pétrissez dans un bol la farine et le beurre.

* Défaites le bleu avec vos doigts et mélangez-le avec la crème. Poivrez et incorporez les œufs, que vous aurez au préalable battus à la fourchette. Mélangez bien.

* Ajoutez les poireaux au mélange à base de bleu et versez le tout dans le plat à tarte.

* Étendez en une très fine couche le mélange de farine et de beurre sur la mixture aux poireaux et au bleu.

* Enfournez et faites cuire 30 minutes ou jusqu'à ce que la croustade soit bien dorée.

*À savourer en méditant sur la belle et noble chose qu'est un poireau et en vous émerveillant une fois de plus devant la générosité de la nature.*

# Risotto à la moelle
# et au foie gras

A-t-on besoin de vous dire que cette recette est tellement riche et décadente qu'elle devrait pratiquement être illégale ? Elle nous vient en partie de Suzanne, la tante de Rafaële. Seulement, lorsque nous lui avons téléphoné pour les détails, elle nous a dit : « Mais il n'y a jamais eu de foie gras dans cette recette ! » Ah. Nous avons halluciné du foie gras, ce qui est à la fois inquiétant et peu étonnant. C'est aussi une grande source de joie pour nos amis dont les estomacs n'ont peur de rien. N'oubliez pas la très simple règle d'or pour réussir un risotto : il faut brasser sans cesse.

**Pour six convives
aux foies audacieux,
vous aurez besoin de :**

8 tasses de bon bouillon de poulet ou de bœuf

6 gros os à moelle

2 échalotes grises, hachées très finement

2 tasses de riz arborio

1 bouteille de bon vin blanc sec (1 verre pour le risotto, le reste pour l'apéro) (Oui, on radote avec le « bon », mais ça fait vraiment, mais vraiment toute la différence.)

300 g de foie gras au torchon

☆ Mettez d'abord votre bouillon dans un grand chaudron. Faites-le chauffer jusqu'à ce qu'il mijote presque et gardez-le ainsi au chaud pour toute la durée de l'opération.

☆ Remplissez un grand chaudron d'eau froide et plongez-y vos os à moelle. Mettez sur le rond à feu moyen, portez à ébullition, baissez le feu et laissez mijoter durant 15 à 20 minutes selon la grosseur des os, ou jusqu'à ce que la moelle devienne translucide et se détache aisément.

☆ Sortez les os de l'eau et, avec la lame d'un couteau à beurre, extrayez-en la substantifique moelle.

☆ Mettez une grande poêle sur le rond, à feu moyen, et faites revenir votre moelle ainsi recueillie. Elle fondra rapidement, formant le corps (très) gras de votre risotto.

☆ Lorsque la moelle a presque complètement fondu, ajoutez l'échalote et faites-la revenir jusqu'à ce qu'elle devienne translucide.

☆ Ajoutez votre riz. Mélangez avec une cuillère de bois durant 1 à 2 minutes, pour que le riz soit bien enrobé de gras (comme vos entrailles le seront plus tard).

*Suite* →

# Risotto à la moelle
# et au foie gras (suite)

★ Versez-vous un verre de vin blanc. Versez-en un autre dans le risotto. Mélangez continuellement jusqu'à ce qu'il soit presque entièrement absorbé.

★ Commencez à incorporer le bouillon, une louche à la fois, tout en mélangeant – avons-nous besoin de le dire ? – continuellement. Laissez le riz absorber presque tout le liquide après chaque louche. Tout le monde a une théorie sur le temps de cuisson du risotto. Certains vous diront qu'il faut exactement 17 minutes, d'autres jureront sur la tête de leur mère qu'en bas de 23, vous n'arriverez à rien. Faites-vous confiance. Vous n'aurez peut-être pas besoin de tout votre bouillon. Goûtez régulièrement. Lorsque les grains de riz sont *al dente* et qu'une bouchée du risotto vous fait légèrement défaillir de plaisir, c'est prêt.

★ Servez dans des assiettes bien chaudes et déposez dans chacune 50 g de foie gras.

*À déguster lentement, les yeux mi-clos,*
*en promettant intérieurement à votre foie*
*de ne manger que des artichauts le lendemain.*

# Fèves vertes
# à l'huile de truffe

Peut-on imaginer accompagnement plus raffiné que de fines fèves vertes délicatement parfumées à l'huile de truffe ? Probablement pas. C'est pourquoi nous ajoutons aux nôtres des petits lardons, histoire de les rendre juste un peu plus *trash* – et juste un peu plus cochonnes.

**Pour vos six invités qui seront soulagés en voyant qu'il y a au moins UN légume sur votre table, vous aurez besoin de :**

450 g de fèves vertes « françaises » (les plus fines)

150 g de lard salé (ou de bon bacon tranché épais)

1 c. à soupe d'huile de truffe

environ $\frac{1}{2}$ c. à thé de fleur de sel

★ Faites bouillir une grande quantité d'eau très salée. Plongez-y vos fèves vertes et faites-les blanchir – 2 à 3 minutes suffisent. Dès que les fèves craquent plaisamment sous la dent, vous êtes en *business*.

★ Sortez les fèves de l'eau bouillante et plongez-les dans un grand bol d'eau glacée. Cela aura pour effet de fixer la couleur (elles ne deviendront pas vert olive) et d'arrêter la cuisson (elles resteront croquantes). C'est, en passant, LA meilleure façon de préparer la plupart des légumes.

★ Coupez votre lard ou votre bacon en petits lardons d'environ 1 cm. Faites-les revenir dans une poêle bien chaude. Lorsqu'ils sont dorés, transférez-les sur un essuie-tout, sans jeter le gras qui reste dans la poêle.

★ Égouttez les fèves et faites-les revenir brièvement dans le gras de bacon. Lorsqu'elles sont bien enrobées, mettez-les dans un bol.

★ Versez l'huile de truffe sur les fèves. Soyez parcimonieuse. Une touche d'huile de truffe, c'est fa-bu-leux. Trop d'huile de truffe, c'est dégueulasse. Ajoutez un peu de fleur de sel et mélangez.

★ Placez vos fèves sur un joli plat de service et parsemez-les de vos beaux lardons dorés.

*À servir avec un risotto à la moelle, ou toute autre belle recette bien grasse qui ne demande qu'à être mise en valeur par de beaux légumes bien gras.*

# Homard au beurre

Cette façon d'apprêter le homard nous a été inspirée par Thomas Keller, le chef du restaurant French Laundry, situé dans la vallée de Napa. Son superbissime livre, *The French Laundry Cookbook*, suggère une recette de homard poché au beurre d'un raffinement exquis... Nous l'avons réalisée une fois, principalement par défi: ça nous a pris presque deux jours. Mais nous en avons gardé une manière de faire cuire le homard qui a changé pour nous la face de ce charmant petit crustacé. Oui, c'est un peu plus long, mais le résultat est d'une décadence incomparable. Si cependant vous frémissez à l'idée de faire de la peine à un homard, on vous dira de tourner la page tout de suite et d'aller chez Red Lobster, où quelqu'un aura été méchant à votre place.

**Pour six amis réunis dans l'air frais d'un soir de mai, vous aurez besoin de:**

6 homards vivants
d'environ 1 ½ lb chacun

environ ½ tasse
de vinaigre blanc

1 c. à soupe d'eau

2 tasses de beurre non salé froid, coupé en 24 gros morceaux

✴ Mettez vos homards dans un grand chaudron. Ajoutez assez d'eau pour les couvrir entièrement. Videz ensuite l'eau dans un autre chaudron et mesurez-en la quantité exacte. Portez-la à ébullition, en ajoutant ½ tasse de vinaigre pour 30 tasses d'eau.

✴ Lorsque l'eau vinaigrée bout, retirez-la du feu et versez-la sur les homards. (Oui, c'est cruel. Il est encore temps d'aller chez Red Lobster.) Laissez les homards cuire ainsi durant 2 minutes, pas plus. Le but est de saisir la chair, pas de les cuire de bord en bord.

✴ Au bout de 2 minutes, sortez les homards de l'eau avec des pinces (pas d'angoisse ici, le mal est déjà fait: vos homards ne sont plus). « Twistez » la queue pour la détacher du corps. Mettez les queues de côté. Détachez les pinces et remettez-les dans l'eau chaude vinaigrée pour 5 minutes (vous pouvez garder les corps pour concocter un fantastique fumet).

✴ Retirez les pinces de l'eau au bout de 5 minutes, puis enrôlez vos amis pour venir vous aider à décortiquer tout cela. La chair devrait être à peine rosée et encore un peu molle. Placez les morceaux dans un grand bol.

✴ Une fois les homards entièrement décortiqués, préparez un beurre monté: dans une petite poêle ou casserole, faites bouillir votre eau. Puis, baissez le feu au plus bas et ajoutez un morceau de beurre en fouettant (faites ça vite, 1 c. à soupe d'eau, ça s'évapore vite). Ajoutez le beurre morceau par morceau, en fouettant continuellement. Vous verrez : le beurre sera fondu mais gardera une apparence crémeuse plutôt que de se défaire.

* Lorsque vous aurez passé tout votre beurre, transférez-le dans une poêle assez grande pour accueillir toute votre chair de homard. Celle-ci devrait être recouverte de beurre. Faites cuire à feu très doux, en remuant de temps en temps, durant 5 à 6 minutes, ou jusqu'à ce que les morceaux de chair de homard soient chauds de bord en bord et glorieusement imbibés de beurre.

* Servez sur du riz basmati, avec des petits pois fraîchement écossés tout juste cuits à la vapeur et quelques belles cuillerées de beurre encore chaud. Le homard poché au beurre a une texture d'une grande délicatesse qui surprend d'abord : certains pensent qu'il n'est pas assez cuit. Détrompez-les et regardez-les atteindre l'orgasme en mangeant ce plat absolument sublime.

*À servir dans une grande assiette commune, avec un vin blanc frais et beaucoup d'amour.*

# Index

# Les deux folles
# aimeraient remercier...

nos précieux goûteurs personnels, Guillaume, « l'homme derrière la tite femme », et Pierre-Alexandre, qui nous ont encouragées et guidées au grand péril de leurs artères ; Richard, l'autre Guillaume et Benjamin, nos amis gourmands sans qui plusieurs de ces recettes ne seraient pas les mêmes ; Maman Vu, qui a eu la générosité et la patience de partager avec nous un tout petit peu de ses grandes connaissances et de son magnifique instinct culinaire ; Papa Barker, la Mamasita et tante Suzanne, qui nous inspirent et nous nourrissent glorieusement depuis notre enfance ; Georges-Hébert, dont l'enthousiasme pour la bonne chère s'est génétiquement transmis ; Doris Hogan et Rosa Babin, nos ambassadrices de La Baie ; Al, « le roi de la crevette », Simmons et Suzanne De Cardenas ; Louise, Danielle, Liette et Andreï, qui ont ouvert pour nous leurs coffres aux trésors et en ont sorti une vaisselle unique ; Théo, le chien de Jessica, notre mannequin d'un jour qui a fait preuve d'une patience et d'un professionnalisme exemplaires ; Julien « Salsifis » Faugère, Nathalee et Richard, grâce à qui nos recettes – et nos personnes – nous apparaissent dans ce livre sous un nouveau jour absolument fabuleux, et avec qui ce fut une joie de brasser des idées ; Nataly Simard, Madeleine Berthelet, Amélie Bédard, Laurie Collin et Noémie d'Amours, les petits elfes qui ont rendu tout ce travail possible et agréable ; Anne Gagné, qui avec son tablier, sa vision et ses pinces à sourcils a transformé de simples recettes en petites œuvres d'art ; Lison Lescarbeau, qui a mis tout son cœur dans ce projet ; André Bastien, éditeur de rêve et conseiller incomparable ; Marike Paradis, notre belle capitaine, dont le goût exquis et le regard sûr transparaissent dans chaque détail de ce livre... et merci, surtout, à toutes nos merveilleuses folles, sans qui nos vies auraient certainement beaucoup moins de saveur.

Cet ouvrage a été composé en Hermès et Bodoni Classic
et achevé d'imprimer le 22 septembre 2010
sur les presses de Norecob, St-Jules, Canada.